《东南亚研究》第一辑

《东南亚社会文化与投资环境》系列丛书

广东国际战略研究院 组编

新加坡社会文化与投资环境

XINJIAPO SHEHUI WENHUA YU TOUZI HUANJING

主编 孔庆山

国家出版基金项目
NATIONAL PUBLICATION FOUNDATION

“十二五”国家重点图书出版规划项目

中国出版集团
世界图书出版公司

图书在版编目（CIP）数据

新加坡社会文化与投资环境 / 孔庆山主编. —广州：世界图书出版广东有限公司，2012.11
ISBN 978-7-5100-5302-3

Ⅰ. ①新… Ⅱ. ①孔… Ⅲ. ①新加坡—概况 ②投资环境—概况—新加坡 Ⅳ. ①K933.9 ②F133.9

中国版本图书馆CIP数据核字（2012）第228983号

新加坡社会文化与投资环境

策划编辑：陈 岩
项目负责：卢家彬 刘正武
责任编辑：魏志华 张 华
出版发行：世界图书出版广东有限公司
（广州市海珠区新港西路大江冲25号 邮编：510300）
电　　话：020-84451969 84459539
网　　址：http://www.gdst.com.cn
经　　销：各地新华书店
印　　刷：虎彩印艺股份有限公司
版　　次：2014年2月第2版 2019年8月第4次印刷
开　　本：880mm × 1230mm 1/32
印　　张：6.75
ISBN 978-7-5100-5302-3/K·0153
定　　价：28.00 元

总 序

东盟是中国的近邻，与中国政治、外交关系密切，经贸往来十分频繁。中国与东盟的经贸合作意义重大。2010年中国-东盟自由贸易区启动，彼此的重要性以及经济上的互相影响更为凸显。广东地处南粤，与东盟各国或一衣带水，或山水相连，历史上商贸往来密切——下南洋曾经是广东人特有的“地理大发现”。随着广东经济增长模式转型和对外贸易方式转变，借自由贸易之利，全面强化、提升与东盟的经贸关系对广东未来经济发展至关重要。正是由于上述原因，东盟始终是广东国际战略研究院关注的重点。

近年广东国际战略研究院陆续推出了一系列有影响力的研究成果，或为政府战略决策提供依据，或为商界开拓市场提供参考。这套《东南亚社会文化与投资环境》系列丛书是研究院近期推出的又一力作。其主旨在于为政府及相关人员提供一套关于东盟政治、经济、文化的参考文献，供他们放在案头随时备查；特别是为有意投资东盟十国的商家、企业提供可靠的信息，作为走入东盟的路径指南；也为其他对东盟感兴趣的人士提供权威且全面的经典之作。

这套丛书分为十本，每本按国别独立成册。丛书各分册在体例编排上基本相同，主要内容虽各有侧重，但均以一国之经济为核心，涵盖以下几个方面：一、经济状况。描述该国经济发展、变革的历史过程，解读其经济体制的现状及未来趋势，汇总经济发展水平的各项指标，并对其经济发展进行简单评价。二、产业特点。介绍其资源禀赋的优劣势，归纳分析产业布局重点和特点，简要分析产业发展趋势以及与中国产业结构的异同。三、财政金融。介绍其财政、金融组织架构，分析财政、金融政策的特点，介绍融资市场规模及其影响力等，发掘与中国相关金融政策对接的可能性。四、商业机会。根据其资源特点和政策导向以及产业结构的现状，结合中国企业的对外投资优势，介绍潜在的投资领域和行业。除了上述内容之外，书中也概括地介绍该国的政治、文化、教育、风物以及外交情况，其中与中国的往来关系更是必备内容。书中附录收集该国的法律法规、政策指南以及政府、商业和企业信息，以备读者查阅。

我们力求使本丛书具备以下几个特点。一、求真。这是一套通识类读物，意在让读者一册在手，所需真实信息尽收眼底。二、求新。我们力求使用最新的资料，并向读者提供获得最新信息，或更新资料的渠道。三、求精。我们在编纂过程中通过精心安排结构，精心取舍材料和提炼观点，最大限度地让读者在获得通识的基础上取精用宏，满足他们更高层次的阅读要求。四、求实。我们在简洁的分析和解读的基础上，努力追求“工具化”的目标，通过覆盖面最广的资料和数据，使其具有工具书一样的功能。当然摆在读者面前的这套丛书距此理想仍有差距，希望读者多多批评指正。

这套丛书从筹划到正式出版历时近两年，该丛书的出版是许多人共同努力的结果。感谢中国出版集团、世界图书出版公司在本书出版过程中的支持和帮助；感谢北京大学、北京外国语大学、广东外语外贸大学各个语种的专家教授以及参与编撰的所有作者，正是他们的辛苦付出和鼎力支持成就了这套丛书。最后特别要感谢广东外语外贸大学非通用语种教学与研究中心主任林秀梅教授，她为丛书的出版作出了大量重要和无私的贡献。

2012年10月1日

前 言

笔者曾数度到新加坡访学和观光，对新加坡有一些浮光掠影式的了解，总体印象很好。此次受托撰写本书，对新加坡做了一些较全面的了解。拙作完稿之际，对新加坡只能用“惊叹！赞叹！钦佩！”这些词语来形容了！

1965年，这个方圆不到30公里的蕞尔小国刚刚独立时，一无资源，二无资本，民无住房，贫困失业，内有党争和社会动乱，外有强国环伺和主权纷争，世界对刚诞生的新加坡能否生存下去大表怀疑！

今天，世人对新加坡刮目相看。新加坡用短短一代人的时间，创造了人类之政治、经济、社会和文化奇迹！新加坡人均GDP在亚洲国家中2010年超过日本，跃居亚洲第一。按购买力平价（PPP）计算，2010年新加坡人均GDP已经达到62,200多美元，世界排名第五。如今之新加坡，政治清明，种族友善，社会和谐，经济发达，人民富裕。新加坡是世界上唯一一个没有贫困人口、真正实现“居者有其屋”的国家。新加坡草绿、水清、天蓝，鸟语花香。夸张一点说，那就是“人间天堂”。

新加坡被称为“全世界经商最便利的地方”、“全球最具竞争力的国家”、“亚洲最清廉的经济体”、“亚洲经商环境中官僚作风最少的地方”和“生活质量亚洲最高的国家”等等。

新加坡是全球大公司云集的地方，目前已有7000多家国际跨国公司在新加坡落户，其中许多公司将其地区总部设在新加坡。新加坡以其优惠的税收政策、高效的管理队伍和亲商的营商环境，正在吸引着越来越多的外国公司到新加坡落户。

本书简要介绍了新加坡的政治、经济、社会、文化、外交和商业投资环境等，以期增进读者对新加坡的了解，希望能为将来赴新观光或投资者提供一些理性知识。

感谢广东国际战略研究院李青秘书长和刘继森副秘书长在本书撰写过程中所给予的帮助。

参与本书撰写的人员为孔庆山、张震山、曾颖姗、李晶、胡冰和吴鹏。

孔庆山

2012年9月　于白云山下

目录

Contents

目录

Contents

第一章 国家概述

本章导读

☆新加坡全称“新加坡共和国”（Republic of Singapore），是马来半岛最南端的一个四面环海的城市国家。新加坡是全球最为富裕的国家之一，属于新兴的发达国家，并以稳定的政局、廉洁高效的政府而著称。新加坡也是亚洲最重要的金融、服务和航运中心之一。本章从介绍新加坡的地理位置开始，逐步介绍其气候、人口、种族、宗教、政治等，展示新加坡的基本概况。

第一节　地理位置

新加坡是马来半岛最南端的一个热带城市岛国。它位于赤道以北136.8公里处，东经103° 38′ 至104° 25′，北纬1° 09′ 至1° 29′，面积为710.3平方公里。[①]北隔柔佛海峡与马来西亚为邻，并有1.2公里的长堤与马来西亚柔佛州的新山相通，南隔新加坡海峡与印度尼西亚廖内群岛相望。新加坡地处太平洋与印度洋航运要道——马六甲海峡的出入口，是亚、澳、欧、非四洲的海上交通枢纽，战略位置十分重要，素有“东方直布罗陀海峡”和“远东十字路口”之称。整个国家由63个大小岛屿组成，其中新加坡岛占全国面积的91.6%。由于国土面积受限，新加坡得通过填海造陆增加国土面积，自1950年至今已经约有20%的国土面积由填海产生。

一、地形特点

新加坡地势低平，平均海拔15米，最高海拔163米，海岸线长193公里。最大的新加坡岛是马来半岛的延伸，呈菱形，南北宽22.53公里，东西长41.84公里，面积558平方公里，占全国面积的90%以上；岛上地势平坦，平均海拔17米。新加坡岛地形差别小，中部有一些丘陵，海拔最高处的武吉智马山海拔只有166米。东部有丘陵和冲积谷地。西南部有一些短峭壁和沿海浅谷。岛上河流密布，但都很短，最长的河流不到16公里。主要河流为新加坡河、加冷河、乌鲁班尼河、邦苏业河等。丘陵和山谷间建

①参见 http://www.singstat.gov.sg/pubn/reference/sif2010.pdf（官方统计数字显示：新加坡国土面积每年都在增长，主要原因为填海造陆）。

有水库，如下庇亚士水库、克兰芝水库、丁加水库等。

从所处的地理位置看，新加坡岛以外的岛屿大体分为北部岛屿和南部岛屿。北部岛屿散布在新加坡岛东北角柔佛海峡的东端，其中的德光岛、乌敏岛两个岛屿最大。南部40多个小岛散布在新加坡海峡的西部，其中包括圣淘沙岛、梅里茂岛、亚逸查湾岛、希拉耶岛、亚逸美宝岛、武公岛、小武公岛、巴威岛、苏东岛、实巴洛岛、安东岛、棋樟山岛、北塞岛等。

二、气候状况[①]

新加坡地处热带，长年受赤道低压带控制，有两个不同的季候风季节，为赤道多雨气候，长夏无冬，气温年温差和日温差小，年平均温度在24℃～34℃之间：最冷月为1月，受来自中国的东北季候风影响，加上低压带的南移，较干燥的东北风会令新加坡的平均低温徘徊在23℃～24℃，而且天色也会比较好；而到了4～5月这段期间，在低压带的北移和东亚大陆高压带减弱的影响下，气温会有轻微回升（见表1-1），而且雨量也会增多。湿度较高，每日平均相对湿度为84.3%。降雨充足，也常有雷暴，年均降雨量为2,353毫米，每年11月到第二年1月吹东北季候风，为雨季，雨水较多，日照时间较短（见表1-2）；6～9月则吹西南季候风，最为干燥。这两个季风期，间隔着季候风交替月，那就是4～5月，以及11～12月。在季候风交替月里，地面风弱多变，阳光充足，下午至傍晚时分，全岛经常会有阵雨及雷雨（见图1-1，图1-2）。全年平均日照时间约12个小时。此外，新加坡由于在数十年来市区发展迅速，使全国皆受热岛效应影响，平均温度明显比邻近热带城市高。

---

①参见新加坡政府官方统计数字http://www.singstat.gov.sg/pubn/reference/yos10/statsT-climate.pdf。

表1-1 新加坡全年温度概况①

月份	日平均最低温度值（℃）	日平均温度值（℃）	日平均最高温度值（℃）
一月	23.9	26.5	30.3
二月	24.3	27.1	31.6
三月	24.6	27.5	32.0
四月	25.0	27.9	32.3
五月	25.4	28.3	32.1
六月	25.4	28.3	31.9
七月	25.1	27.9	31.4
八月	25.0	27.8	31.4
九月	24.8	27.6	31.4
十月	24.7	27.6	31.7
十一月	24.3	27.0	31.1
十二月	24.0	26.4	30.2

资料来源：新加坡国家环境，本表基于1982—2008年27年的统计数据计算而成。

表1-2 新加坡降雨量统计表②

月份	雨天天数	当月平均降雨量（毫米）
一月	13.8	255.8
二月	8.1	107.4
三月	12.7	171.0
四月	14.0	151.2

①参见http://app2.nea.gov.sg/data/cmsresource/20090324939502642695.pdf。

②参见http://app2.nea.gov.sg/data/cmsresource/20090324939502642695.pdfclimate.pdf。

续表

月份	雨天天数	当月平均降雨量（毫米）
五月	13.2	163.9
六月	12.7	132.3
七月	13.2	150.0
八月	13.7	151.9
九月	13.3	157.3
十月	14.7	158.8
十一月	18.0	262.4
十二月	18.5	329.5

资料来源：新加坡国家环境，本表基于1982～2008年27年的统计数据计算而成。

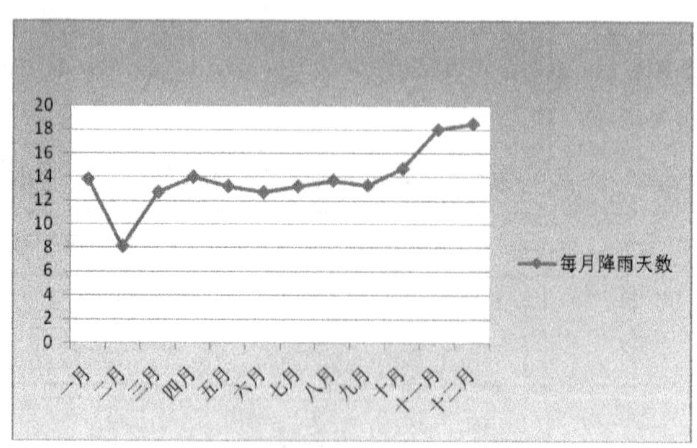

图1-1　新加坡每月降雨天数

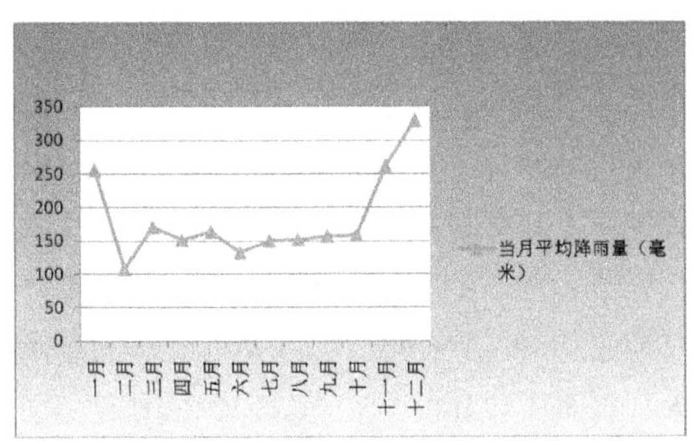

图1-2　新加坡当月平均降雨量

第二节　民族与人口

一、人口

新加坡的标志性特色在于它的多元文化。截至2010年8月，总人口（见表1-3）达到508万。在508万总人口中，新加坡公民有323万，永久居民（持绿卡者）54万，其余约131万人是持工作准证、就业准证、长期社交访问准证以及学生证等在新加坡逗留的外国人。从表1-3可以发现2000～2010年新加坡的人口总体上呈现增长趋势。在人口的比例方面，华族依然是居民人口（包括公民和永久居民）的主要部分。与十年前相比，华族人口比例约下降了3个百分点，目前约为74%；其次是印度族和马来族。新加坡的华人基本源自中国福建、广东和海南等地，其中大部分是福建人，其次为潮汕人、广府人、客家人和海南人等。加上近年来自中国的新移民数量日趋增长，华人文化结构也越来越复杂。近十年来，除了华族、印度族和马来族以外的其他少数族群人数增长得很快，由原来的4.64万人增加到现在的12.58万人，增长了近2个百分点，占人口总数的3.3%。同时，根据最新数据显示，每平方公里约有7147人。因此，新加坡不仅是除香港旺角区、澳门和摩纳哥之外世界上人口密度最高的国家和地区，也是世界上除中国大陆、中国台湾、香港、澳门以外，以华人为多数族的地区。历史上新加坡人口增长速度最快的时期是1947～1967年，这一时期由于高生育率和大批移民的进入，新增人口100多万，总数增长1倍多，其中1965年的人口增长率为3%。

表1-3　新加坡近2000～2010年年人口普查结果

年份	总人口（单位：万）	新加坡常住居民（单位：万）	总人口增长率	常住人口增长率
2000	402.79	327.34		
2001	413.8	332.59	2.7%	1.6%
2002	417.6	338.29	0.9%	1.7%
2003	411.48	336.69	–1.5%	–0.5%
2004	416.67	341.33	1.3%	1.4%
2005	426.58	346.78	2.4%	1.6%
2006	440.14	352.59	3.2%	1.7%
2007	458.86	358.31	4.3%	1.6%
2008	483.94	364.27	5.5%	1.7%
2009	498.76	373.39	3.1%	2.5%
2010	507.67	377.17	1.8%	1.0%

资料来源：新加坡统计局《数字新加坡》（*Singapore in Figures 2010*）（更新于2010年8月31日），http://www.singstat.gov.sg/pubn/reference/sif2010.pdf。

二、民族

（一）华族

中华文化最能表现在伦理道德观念上，这种观念在新加坡的华人社会中继续保存。在华族人口中，家祖宗舍的创立，可以维持乡党友爱的互助精神；华人结婚要选黄道吉日，时髦的华裔新娘在婚礼中端出一只小小的瓷制茶杯给新郎的父母，当公婆从新娘手中接下茶杯的时候，就表示新娘已被这个家庭接纳。

（二）马来族

马来文化表现在宗教思想上，他们的风俗习惯与宗教息息相关。回教法律和苏丹制度则维系着他们生活的安分与团结。马来人的婚礼邀请几乎全村人前来参加，来宾们酒足饭饱离去时，手上都握着一个煮熟的蛋，表示多子多孙的意思。

（三）印度族

印度的文化与他们的宗教思想关系密切，无论文学、艺术、舞蹈，都含有极浓厚的宗教色彩。印度人的生活很俭朴，但对于庙宇的建筑则非常讲究，各种雕塑都精致无比。印度人的婚礼在庙里伴着宗教的圣歌和祷告举行，显得十分肃穆。新娘身上包裹着一件挂满珠宝的丝绸，丈夫则跪在她面前悄悄地在她的脚趾上套一枚戒指。婚礼的高潮是新娘戴上用茉莉花和兰花编成的沉重的花环时，宾客们向新人身上抛撒花瓣，在芬芳的花香中，完成了隆重的结婚仪式。

因来源地或方言的差异，这三大民族内部又分成不同的群体。印度族中有泰米尔人、旁遮普人、锡兰人、锡克人、古吉拉特人、孟加拉人、泰卢固人、帕坦人和僧伽罗人等。马来族中有马来人、爪哇人、武吉斯人、邦加人、米南加保人等。华族的情况更为复杂，从祖籍地域分有六大帮：福建帮、潮州帮、广州帮、客家帮、海南帮和三江帮；在语言上形成九大方言的区别；从教育上看，又有受英语教育者和受华语教育者的不同。此外，还可以划分为老一代、中生代和新生代三种华人：老一代是在中国出生而来新加坡创业的一代，中生代是指在新加坡出生而接受华文教育，或从小来到新加坡并接受英语教育的华人，新生代则主要是二战后在新加坡出生并接受英语教育的华人。

各民族人数不等，肤色各异，文化传统不同，但他们都勤奋工作，和睦相处，热爱新加坡，积极参与国家建设。华人占新加坡总人口的将近3/4，在经济、政治、社会各个方面都发挥着主要影响，但华人并没有凌驾于其他民族之上的种族优越感。新加坡并没有给人以“华侨之国”的感觉。新加坡领导人时刻提醒华人不要有“大民族主义”。1966年2月，李光耀在南洋大学发表演讲指出：“时常有人问起我这个问题：在各方面疑心重重的情况下，在东南亚这一部分的几百万中国人怎样能生存下去？而我的答复是：建立一个多元种族的社会，在那里一个种族集团帮助并尊重其他种族集团。……如果你要一个中国沙文主义社会，那么，失败是肯定的，新加坡必然会被孤立。”[①]

三、语言

新加坡是个多语言的国家，其官方语言包括英语、华语、马来语和泰米尔语。国会议员在国会上发言时，可任选其中的一种语言。基于历史渊源，新加坡宪法明定：马来语为“新加坡的国语”。新加坡的国歌《前进吧，新加坡》就是用马来语

---

①参见马文余、李伟：《新加坡：多族一体 和谐共生》，http://www.mzb.com.cn/html/report/34577-1.htm。

作词的，军队操练的号令也用马来语。但是这只是为了尊重历史，实际上85%的新加坡人不会讲马来语。

自独立以来，新加坡一直采用英语为该国境内的主要通行语，并定位其作“第一语言”。政府机构与不同种族社群之间通用的语言是英语，学校也以英语为主要的教学语。新加坡曾经受英国殖民统治，因此新加坡的英语大多以英国英语作为标准。但是新加坡也有当地的方言——新加坡方言英语（Singlish）。

新加坡华语是另一种广泛使用的语言，是一些新加坡华人之间主要的共同语，有超过七成的新加坡人能说华语。但新加坡年轻一代使用新加坡式华语（Singdarin）的情况十分普遍。新加坡政府曾将2008年订立为“华语年”，不仅鼓励本国的华族国民多使用华语，同时也希望让“华语”在商业贸易的沟通场合上可以得到更广泛的使用。尽管如此，英语仍是整个社会的强势语言，在新加坡官方与工作领域能说华语的机会不多。新加坡学校的华文程度每况愈下，很多新加坡华人在离校后也逐渐疏远汉字书写，甚至成为中文文盲。

自从20世纪80年代由新加坡政府主导的“讲华语运动”（类似于中国的“推广普通话”）之后，新加坡媒体使用方言受到了诸多限制，甚至是禁止使用，进而导致大部分的年轻新加坡华人无法有效地使用汉语方言。此外，新加坡政府对电视、电台的华语节目也有严格的限制，如从中国台湾进口的闽南语电视剧和从香港进口的粤语电视剧就必须用华语重新配音后才可播出，香港电影也一律用华语配音后才可上映。

新加坡官方使用与中国一致的简体字。但在1969—1979年间曾短暂拥有自己的汉字简化标准，民间则随处可见繁简体字混用的情况。

马来语是新加坡马来族之间的通行语。老一辈的新加坡华人多数能够讲马来语。新加坡印度族中有五成人会说泰米尔语，其余只会英语。在新加坡印度族裔群当中，也有人使用其他印度语言，如印地语、马拉雅拉姆语等。为培养新加坡人的国民意识，消除民族分歧，促进各民族之间的交流、团结与和谐，新加坡实行母语加英语的双语政策。各民族除了学习和使用本民族的语言外，以英语为民族共同语言，“推行共同语言，培养共同感情”。这样既能尊重各民族语言的历史渊源，有利于保留本民族传统文化，又能为引进外国资本创造良好的语言环境，激励各民族学习和掌握西方的先进技术。李光耀曾指出：“精通一种语言的人，会在语言上形成排外主义……他们只能用一只眼睛看世界。因为他们无法用两只眼睛看世界，所以不知道其他语言的优雅及其表现的生动与雄辩状况，以及另一个世界的经验和知识。他们也不理解用其他语言所表示的另一种文明。两种语言政策，就能用更开阔而深远的姿态观看世界。”[①]事实证明，新加坡的语言政策不但是民族融合的重要原因，而且也是经济成就的催化剂。

四、宗教

新加坡不设国教，实行宗教信仰自由政策。宪法明确规定：“人人都有权信奉并宣扬自己信仰的宗教”；“始终不渝地保护新加坡少数民族和少数宗教集团的利益，应是政府的职责。”[②]新加坡是一个多元民族、多元文化的移民社会，也因

①《亚洲的曙光——新加坡五十年传奇》，见http://www.tianya.cn/publicforum/content/no05/1/122189.shtml。

②《新加坡共和国宪法》世界宪政网，http://www.globalcon.cn/Asia/AsiaOther/text/20080818/114905.shtml。

此汇集了世界上多种宗教，主要为佛教、道教、基督教、伊斯兰教、兴都教、犹太教以及拜火教等。种族的多样性使新加坡成为一个融合多宗教、多语言、多文化和丰富美食的国家，独具特色。多重元素的完美融合，使得新加坡人民彼此默契地相互尊重。在新加坡，清真寺与寺庙相邻的情况不足为奇，而不同民族之间的通婚更是比比皆是，从而大大增强了社会凝聚力。

政府强调各宗教之间应当保持和谐、容忍和节制，进而推进各民族之间的和谐与融洽。各教派之间禁止互相攻击。1959年，新加坡成立宗教联合会，以促进宗教之间的相互尊重、理解和合作。1974年，宗教联合会制定了一份《联合祈祷文》，供各宗教团体在联合祈祷时使用。1990年，国会通过维持宗教和谐法案，从法律上保障了宗教和谐的实现。

主要宗教的具体情况如下：

（一）佛教

新加坡第一大宗教。根据2000年的调查结果显示，约占人口的42.5%[①]，信徒基本为华人。

佛教有“三宝”——佛、法（佛所说的教义）、僧（指继承或宣扬教义的人），以引导信徒奉行他们的礼仪。在新加坡，绝大多数的佛教徒属于大乘（Mahayana）学派，其次是小乘（Theravada）、金刚乘（Vajrayana）和其他学派。不同的学派，经由新加坡佛教总会、新加坡僧伽联合会和世界佛教联谊会新加坡分会联合主办的宗教、文化、教育与社会福利计划等活动，有更密切的接触与合作。

（二）道教

根据2000年的调查结果显示，占人口的8.5%[②]，信徒基本

①数据来源http://www.singstat.gov.sg/pubn/papers/people/c2000adr-religion.pdf。

②同上。

上为华人。早期的华人移民，如同其他种族的移民一样，带来了他们的宗教信仰与习俗。不同籍贯的华人，各自兴建庙宇，让善男信女参拜。其中一些庙宇已成为国家古迹，如天福宫、双林寺和凤山寺等。

道教有“三清”——一是以玉清元始天尊为最高天神，二是以上清灵宝天尊为最高天神，三是以太清道德天尊为最高天神。从创教之初，道教天师道就以老子的《道德经》为根本经典，将其中“道”和“德”作为基本的信仰。

（三）基督教（新教与天主教）

根据2000年的调查结果显示，约占人口的14.6%[①]，其中以华人为主。

基督新教与天主教有266座教堂，其中最早的教堂是禧街的阿美利安教堂和圣安德烈路的圣安德烈教堂。

在莱佛士登陆新加坡后4个月，他把一块土地赠送给伦敦宣教会。5个月后，第一位传教士抵达新加坡。在最初的数十年里，一些不同的团体对新加坡基督教教会的发展作出了独特贡献，包括西方商人族、马六甲的海峡华人族、海外传教士，以及印度与中国的基督徒移民。神学院与圣经学院也随之成立。

新加坡的天主教教会历史可以追溯到1819年莱佛士发现新加坡的日子。在1821年，一名过境的传教士通过宣教吸收了12名天主教徒。到了1829年，天主教徒的人数增至200名。天主教社群稳健成长并开办了数所学校。早在1832年，天主教会就开办了第一所男校，这所学校后来成为著名的圣约瑟书院。圣约瑟书院建于1852年，由拉萨尔修士主理。两年后，修女会在维多利亚街开办了一所女子小学——圣婴女校。

---

①数据来源http://www.singstat.gov.sg/pubn/papers/people/c2000adr-religion.pdf。

1972年12月22日，已故教宗保禄六世颁令新加坡成为另一个主教区，不再隶属以前的马六甲—柔佛主教区。在1977年7月26日签署的协议下，澳门主教把他在新加坡的教会管辖权移交给新加坡主教。这项协议于1981年5月27日获得罗马教廷的批准。这道教令于1981年6月26日颁布后，在7月1日生效，此后在新加坡的天主教教会就直接由罗马教廷管辖。

新加坡共有30座天主教教堂。天主教教会管理20所小学、17所中学、1所大学先修班和1所初级学院，开办了安微尼亚山医院、雅西西慈怀病院、5所老人院和1所儿童收容所。

（四）伊斯兰教

根据2000年的调查结果显示，约占人口的14.9%，信徒基本为马来人。

15世纪伊斯兰教传入马来半岛，成为马来西亚的国教。主权原属马来西亚的新加坡于1965年8月9日宣布独立，自然而然地承袭了原宗主国的这一大宗教。虽然国土面积非常有限，但在这块弹丸之地上却有80多座大小不一的清真寺，其中比较著名的有苏丹清真寺、阿尔阿布拉清真寺、纳宫清真寺等。新加坡穆斯林多属逊尼派，由于英国的保护，以及新加坡独立前属马来国，因此马来的华人文化也受欧美和马来逊尼派伊斯兰教的影响。 现负责管理协调清真寺事务的机构是回教理事会（成立于1968年），它是穆斯林社区的最高管理机构。该会的职权有：负责支配穆斯林缴纳之天课，管理各寺之寺务，解决遗产和核发清真餐馆的许可执照，监督食品制造过程是否符合清真寺的标准等。至于穆斯林在婚姻和遗产上发生纠纷时，则由宗教法庭（新政府已于1964年通过宗教法）出面排解，但无强制约束力。此外还有一个举足轻重的机构——穆斯林皈依协会。该会是民间团体，有27名理事，30名职员，2000多名会员。该会也是一个柔性组织，经常举办野营、旅游、聚餐等活动，联系教友感情。

（五）兴都教

兴都教也称印度教，有教徒8万多人，基本上是印度裔，也有少数的马来人信奉此教。

前来新加坡的印度人把他们的宗教、文化和艺术带到新加坡。他们早期的宗教事迹是在新加坡不同地区兴建兴都庙，其中大部分以南印度的风格为主。兴都庙是许多印度节日与庆典的焦点。印度人的生活深受宗教的影响，而他们生活中的不同阶段要进行各种宗教仪式，大部分印度家庭都设有祭坛或祷告室。

今天，新加坡有30多座主要的兴都庙，其中桥南路的马里安曼兴都庙和实龙岗路的实里尼维沙伯鲁玛兴都庙已被列为国家古迹。

在印度基金法令下，印度基金会于1967年成立，专门负责马里安曼、实里尼维沙伯鲁玛、西凡和维拉米玛达拉曼等兴都庙的行政与管理工作。这些兴都庙都属于基金会。基金会也主办一些大节日庆祝活动，如大宝森节、蹈火节和九夜祈祷节。印度族也设有印度人咨询委员会，对有关印度宗教和习俗，以及影响印度族社区的一般福利问题，向政府提供意见。

据统计，近86%的新加坡人有宗教信仰。相对以上主要宗教而言，其他宗教人数较少，合计只有1.1万余人。锡克教是19世纪从印度传入的，在新加坡有7座锡克庙，如奎因街的锡克庙等，教徒主要是锡克族警察、保安员；犹太教在新加坡有两个会堂；拜火教在新加坡则没有庙宇。新加坡华人除信奉佛教、道教外，有些人信仰孔教。他们把孔子视为圣人，并设孔庙来纪念。在巴巴利路设有孔教会，每逢孔子诞辰，那些敬仰孔子的华人便前来这里纪念他了。

新加坡宪法保障宗教自由，但对少数宗系（如耶和华见证人）仍有所禁制（美国《国际宗教自由报告》）。[①]该教教徒曾因反对兵役获罪，按新加坡法律规定，公民必须服兵役，拒绝服役仍属违法行为。

第三节　行政区域与首都

一、行政区域

新加坡是个城市国家，在行政区域上划分为6个区，分别是中央区、新镇区、内市区、外市区、内郊区和外郊区。中央区和新镇区是新加坡的核心地区。内市区、外市区和内郊区、外郊区是按照与市中心的距离远近命名的。市区在新加坡岛中南部，靠新加坡海峡一侧，包括中央区、新镇区、市内区和外市区。市区内有花柏山东半部、新加坡河、梧槽河等。梧槽河以东为住宅区，有商店、酒楼、银行、旅店等。新加坡河以北是政府机关的集中地，有国会、高等法院、市政厅等。

郊区包括8个部分：三巴旺（Sumbawang）、实里达（Seletar）、樟宜（Changi）、蓄水池与自然保护区（Reservoir and Nature Reserve）、林厝港（Lim Chu Kang）、杜亚斯（Tuas）、花柏山和裕廊工业区（Jurong Industrial Estate）。20世纪60年代以来，由于经济的迅速发展，工业部门也扩展到郊区。同时，由于大批公共住宅的建造，郊区出现了许多卫星

---

①U.S. Department of State, International Religious Freedom Report 2002, Singapore, http://www.state.gov/g/drl/rls/irf/2002/13909.htm。

城镇，如女王镇（Queenstown）、大巴窑（Toa Payoh）、勿洛（Bedok）、宏贸桥（Ang Mo Kio）、兀兰（Woodlands）、金文泰（Clementi）、义顺（Yishun）等。

二、首都

新加坡市是新加坡共和国的首都，位于新加坡岛南端，南距赤道136.8公里，面积约98平方公里，约占全岛面积1/6。这里地势和缓，最高点海拔为166米。它是全国政治、经济和文化中心，有“花园城市”之称，同时也是世界上最大港口之一和重要的国际金融中心。

新加坡市中心区在新加坡河口南北两岸，总长5公里，东西宽1.5公里。20世纪60年代起，进行市区重建。南岸是绿树环绕、高楼林立的繁华商业区，红灯码头，是个不夜天，著名的华人街——牛车水就在此区。北岸是花草树木与楼宇交错的行政区，环境幽雅宁静，国会、政府大厦、高等法院和具有英国建筑风格的维多利亚纪念堂等坐落于此，马来人街也在此区。

新加坡市道路宽阔，人行道两旁种着枝繁叶茂的行道树及各种花卉，草坪、花坛和小型公园间杂其间，市容整洁。桥上和围墙上都种有攀缘植物，住宅的阳台上放置着五彩缤纷的花盆。新加坡市拥有2000多种高等植物，被誉为“世界花园城市”和东南亚的“卫生模范”。

鱼尾狮像——新加坡的标志和象征

市内有天福宫、星和园、裕华园、苏丹伊斯兰教堂、双林寺和供奉有18手观音菩萨像的龙山寺等名胜，还建有植物园、动物园、国家博物馆、范克利夫水族馆和新加坡战争纪念塔等。

第四节　政治

一、国旗

1959年11月新加坡立法议会通过。由上红下白两个相等的横长方形组成，长与宽之比为3∶2。左上角有一弯白色新月和五颗白色五角星。红色象征四海之内皆兄弟和人类的平等，白色象征纯洁和美德；新月象征国家——新加坡是个年轻向上的国家，五颗星代表国家建立民主、和平、进步、正义和平等的思想。新月和五颗星的组合紧密而有序，象征着新加坡人民的团结和互助的精神。

新加坡国旗

二、国徽

1959年11月新加坡立法议会通过。由盾徽、狮子、老虎等图案组成。红色的盾面上镶有白色的新月和五角星，其寓意与国旗相同。红盾左侧是一头狮子，这是新加坡的象征，新加坡在马来语中是“狮子城”的意思；右侧是一只老虎，象征新加坡与马来西亚之间历史上的联系。红盾下方为金色的棕榈枝叶，底部

新加坡国徽

的蓝色饰带上用马来文写着“前进吧，新加坡”。

三、国歌

国歌名为《Majulah Singapura》（《前进吧，新加坡》）。1959年11月确定为新加坡自治邦邦歌；1965年8月9日新加坡独立时定为国歌。歌词的中文翻译是：“前进吧，新加坡！让我们新加坡人民共同走向幸福。我们崇高的理想，使新加坡昌盛富强！让我们以崭新的精神，团结在一起。让我们齐声高呼：前进吧，新加坡！前进吧，新加坡！”

四、国花

新加坡以一种名为卓锦·万代兰（Vanda Miss Joaquim）的胡姬花为国花。东南亚通称兰花为胡姬花。卓锦·万代兰是由卓锦女士培植而成，花朵清丽端庄、生命力特强，它象征新加坡人的气质和刻苦耐劳、果敢奋斗的精神。这种浅紫红色的美丽兰花有4个花瓣，象征各民族及英语、华语、马来语、泰米尔语4大语系；中间雌雄合体的蕊柱象征着幸福的根源；唇片后面藏有蜜汁的袋形角，象征着财富汇流积聚的所在；上攀的花茎象征着向上、向善；蕊柱上花粉盖内的两个花块，象征着高瞻远瞩；一花凋谢，一花继开，象征国家民族的命脉源远流长，具有无穷的信心和希望。1981年4月16日新加坡文化部正式宣布卓锦·万代兰为国花，其寓意是卓越锦绣，万代不朽。

卓锦·万代兰

五、宪法的制定与修改

独立以前的新加坡州在马来西亚享有一定的教育、文化、经济自治权利，其议会根据1963年7月9日签署的《关于成立马来西亚联邦的协议》制定了《新加坡州宪法》，并于同年9月16日生效。

1965年8月9日，新加坡脱离马来西亚联邦成为一个独立自主的国家。同年12月22日，新加坡国会通过了新加坡宪法（修正）法案，不久又通过了新加坡共和国独立法案，把《新加坡州宪法》修改为《新加坡共和国宪法》，并规定马来西亚宪法中的部分内容对新加坡仍将适用。一直到1980年，新加坡的宪法包括3个基本文件，即《新加坡共和国宪法》《新加坡独立法令》以及马来西亚宪法中适用于新加坡的部分。1980年3月31日新加坡出版的《新加坡共和国宪法》重印本，把3个文件融为一体。1984年10月，政府成立了一个特别工作小组，对宪法修改和宪政改革进行研究；1988年7月，政府提出《宪法修正白皮书》，并让国会和社会各界展开讨论；1990年8月，吴作栋副总理向国会提出新的宪法修正案；1991年1月得到国会通过，这次宪法修改的最主要内容是将总统由国会选举改为选民直接选举产生，并扩大了总统的权限。最近一次的宪法修正案于2010年4月份三读通过①，为现有的选举制度做出了重大改变，规定将来在没有反对党人当选为议员的情况下，把可由落选的反对党候选人出任的非选区议员人数，从宪法先前所规定的最多6名及国会选举法所规定的至少3名，增至最多9名，同时把政府指派

---

①《新加坡国会通过宪法修正案：反对党席次增加》，见http://news.qq.com/a/20100427/000989.htm。

的官委议员制度固定为永久制度，将单选区从目前的9个增加为12个。

新加坡独立之后的几十年里，为了适应全球政治、经济等各个方面的变化，对宪法进行了多次修改，截至2010年，共修改了39次。

六、 立法程序及法律的修改

新加坡的立法权由国会和总统共同行使。根据宪法规定，制定、修改和废止法律是国会的主要职权，其立法范围不受限制。新加坡法律保护大多数人的利益，且以严刑峻法为保证。国家法律制度是为保护多数人的基本权利和安全而设立的，新加坡政府不为新加坡的法律和政策明显地偏护多数人而讳言，群体利益至上是新加坡司法制度的根本原则。[①]

新加坡的立法程序主要分为法案的起草和法案的审议两个阶段。

法案的起草是立法的第一个程序。从理论上说，政府和议员都可以提出法案，但实际上提出法案的主要是政府，议员个人很少提出法案。而政府提出的法案由总检察署负责起草。总检察署是相对独立的机构，总统按照总理的意见从那些有资格担任最高法院法官的人士中委任一位担任总检察长。总检察长是政府的首席法律顾问。总检察署下设的法律草拟处具体负责草拟向国会提出的法案及法令下的附属法规。法案的起草主要经过三个阶段：一是就拟制定的法案形成政策或计划，即立法项目的政策考虑、立法事实及背景的判断；二是政府部门通知

---

①参见王瑞贺：《新加坡的立法程序》，载《人大工作通讯》，1998（11），第37-38页。

总检察署提供介绍政策和有关背景的详细资料；三是在确定相关法案的范围后，由法律草拟处具体草拟法案。在草拟时，可以要求有关部门提供协助，如了解信息、协调利益取向等。法律草案最终形成并提交部门后经过内阁主管法律事务的常任秘书批准，该部门将草案抄本连同备忘录抄本一起送交内阁。如果法案的内容涉及几个部的职权时，由律政部提请内阁批准并向国会提案。总检察署负责保存有关起草法案的资料，有责任辅助法案的修改。

法案的审议是立法的第二个程序。法案在国会的审议要经过如下程序：

（一）法案的提交

经内阁批准的法案，由相关的部长向国会提出。议员个人提出的法案要提前4天向秘书长提交提案通知。涉及税收、政府借贷、统一基金等有关的法案的提出还须经总统的批准。

（二）一读程序

由国会书记官向全体国会议员提出法案初稿总题，初稿副本交予各位议员参阅。法案在政府公报上公布7天后进入二读程序。

（三）二读程序

主要是对法案涉及的政策问题进行辩论。由提交法案的部长就制定法案的目的与作用作出说明，议员提出问题，部长作出解答。议员以投票方式决定法案是否进入下一程序，如果被准予进入下一程序，国会书记官将再次提出法案初稿总题。

（四）委员会审议

经过二读程序的法案交由国会全院委员会审议，并有权进行修正。如果法案影响面广，公众普遍关心，也可将法案提交议员组成的特别委员会审议，特别委员会有权向公众寻求意见。特别委员会审议结束后，向全院委员会提交审议报告。

（五）三读程序

可以提出修正案，但一般限于文字修正。议员亦可再次要求法案由全院委员会进行修改。法案经辩论后付诸表决。一般性法案经投票者半数以上赞成即可通过，宪法修正案则需要全体议员2/3以上的赞成才能通过。

（六）总统签署和政府公报

国会通过的法案，经总统签署批准后即成为法律，在政府公报上公布后生效。为了让国民有一个知法、接受的过程，一般公布半年至一年后方正式实施。值得一提的是，为了保证法案内容与宪法的一致，宪法规定，国会通过的所有法案（除拨款法案，紧急法案，影响国防、安全、公安、和平或良好秩序的法案外）必须提交总统下属的少数民族权利总统理事会审查，以确保这些法案中没有种族或宗教歧视的内容。它的审查报告呈交国会后，国会有权就报告的修改提议对法案进行修改，修改后的法案仍要呈交该理事会审查。国会也可以不接受该理事会的报告中的修改提议而直接将法案呈交总统。总统对未能获得少数民族权利总统理事会审查同意的法案有权不予签署，若不签署，该法案必须再次进入修正程序。少数民族权利总统理事会对有关法案的审查有助于保证立法质量。

法律的修改由法律修订委员会完成。法律修订委员会由总检察长、副检察长、国会顾问和总统委任的其他成员组成，其职能是制作并公布法律的修订版本和附属立法的修订版本，对这些修订版本进行年度修订。法律或附属立法的修订版本制成后，即送交总统，由总统以命令的形式在公告栏上公布修订本的生效日期。此外法律修订委员会每年都对法律和附属立法的修订本进行修订，制作并公布以下文件：上一年制定的新法律的修订本；根据法律制定的所有附属立法的修订本；在上一年或在任何时候实际上已被修正的法律和附属立法的修订本；新的法律活页文本，以更换已被修正的法律和附属立法的文本。该委员会对法律和附属立法的修订，均要向总统提交抄本，当总统在政府公报上公布了生效日期后，这些修订本就成为新加坡有关法律和附属立法唯一有效的文本。

七、公民的基本权利

新加坡公民即Singapore Citizen，简称为SC，是在新加坡土生土长的本地人。李光耀主张发展中国家有时不得不牺牲一些自由以求发展和安全，他还以为一个好政府要比民主和人权更加重要。同时，新加坡立宪时，正值动荡时期，种族和宗教关系紧张，政治和经济都不稳定，这使制宪者对公民权利采取了十分务实的态度，如宪法没有规定财产权利等。[①]

《新加坡共和国宪法》于 1965年8月9日生效，基于其所建立的共和国之性质，公民之权利优先于国家权力。新加坡宪法第四章“基本自由”第9条规定：“一、生命及人身自由非依法不得剥夺。二、高等法院或其法官收到某人非法拘留之指控时，应调查此指控，除非确认拘留合法，否则应谕令将被拘留者移送法院并释放之。三、人民被逮捕时，应尽速将其被逮捕原因告知本人，准其会商自选之辩护人，并由其辩护人为其辩护。四、人民被逮捕未经释放前，应无不当之稽延，至迟于48小时内（旅途所需时间除外）将其移送治安法官，非经法官批准，不得予以监禁。五、第三项及第四项不适用于敌国侨民及因蔑视国会罪由议长亲自下令逮捕者。”第11条规定：“一、

①鲁虎：《列国志——新加坡》，北京：社会科学文献出版社，2004年。

任何人之行为，于行为时法律不规定处罚者，不得处罚之；处罚任何人之罪行，不得重于行为时法律所规定者。二、判决有罪或无罪，不得因同一罪行而再予审讯，但有罪之判决或无罪之判决业经宣告无效由上级法院谕令再审者不在此限。”第12条第1款规定：“法律之前人人平等。人民有受法律平等保护之权。”

以下主要介绍几种比较重要的权利：

（一）平等权

平等是民主社会的基石之一。在民主社会中每个人在选择谁来统治他们时具有相同的发言权。新加坡宪法没有规定投票权；投票权是由议会选举法来规定的。但在多元种族的社会中，为了保障少数民族的利益，1988年实行集选区制度。这从形式上看似乎违反了平等的原则，少数民族在参与国家政治生活时得到特殊对待。这是所谓的积极歧视，是对过去的歧视所造成的后果的一种补救。宪法规定，政府有责任“照顾新加坡种族和宗教少数的利益”，承认“马来人的特殊地位”，保证马来人在国会中有代表。法院在解释平等条款时，通过适用分类的原则来确认法律是否需要或确实存在歧视。

“人生而平等”、“人人在法律面前一律平等”，这是各国所认可并用法律文件固定下来的一个原则。新加坡宪法确保法律面前人人平等。法院严谨地将这一原则付诸实施，不论是内阁部长、普通人民、富贵名人、贫穷市民，不论种族、宗教、肤色、语言，也不论是外国人或新加坡公民，都一律受到法院依法庭程序平等的审理，也都同样享有诉讼及辩护的权利。任何刑事被告面对法律的制裁，不能也无法用金钱买通受害人以达致庭外和解。

（二）言论和表达自由权

在许多国家的宪法中言论自由被作为首要的自由。在普通法下言论自由的界限是由法官来判定的，并不是所有的言论都可以得到宪法的保护。需注意的是：新加坡的宪法所准许的是有限制的言论自由权。有些象征性的言论如焚烧国旗，在美国，以前是受宪法保护的，但这在新加坡则是法律明确规定的犯罪。任何人胡乱诽谤将须付出一笔金钱代价；新加坡的政治领袖，如国会议员等同普通人民一样享有诽谤法的保护，对无理的攻击，有权提起要求赔偿名誉的诉讼，而且新加坡法院的判例规定新加坡的国会议员或公务人员不因他的政治职务而必须比别人有较大的宽容量，当名誉遭人破坏时，他同普通人民一样有权起诉要求赔偿金及适当的法律救济。

（三）新闻自由

新加坡宪法和马来西亚及印度宪法一样均没有包括明确的新闻自由。这被认为是民权的一大障碍。新加坡强调“新闻责任”，新闻被看作是国家建设的重要工作而不是对政治权力的制衡。按照法律规定，有关的部长可以根据自由裁量权决定是否颁发出版许可。对部长的决定不服者可以向总统申诉。

新加坡通过法律和监督制度管理新闻舆论，防止和抵制西方极端或腐朽思想文化的侵蚀与影响。新加坡政府指导人民的行为，但不干涉人们的思想。舆论管理上，政府通过报业控股公司对华文、英文报纸和其他媒体进行有效的管理和控制，这可避免外国势力干涉新加坡的内政。另一方面，也确保新加坡人不受污秽书刊或西方腐朽思想的侵蚀，如禁止《花花公子》和《撒旦诗篇》在新加坡销售。

（四）和平集会自由

新加坡政府对一切集会活动都非常关注，但人民的行动自由并没有受到太大限制。在新加坡，只要达到一定数量的户外集会都必须向警方备案。新加坡的内部安全局拥有非常大的权限，殖民地时期遗留下来的内部安全法授权内部安全局，可在必要时无限期拘留任何被怀疑可能对种族和谐与社会稳定造成威胁的人士，并可以在不经审讯的情况下扣押多年。集会的权利源于请愿的权利，但宪法没有将其限定为请愿的权利。宪法规定了公民有不带武器和平集会的权利，但也允许国会为国家安全和公共秩序的需要在必要时限制这些权利。新加坡限制这方面的立法包括刑法典、公共娱乐法、公共秩序法和维护和平法等。

（五）结社自由

结社自由也是新加坡宪法明确规定的权利。从历史上讲，结社自由与言论自由是紧密相连的。现代社会的一个特征是将个人组成不同的利益群体。和其他权利一样，这项权利当然也不是绝对的，而且新加坡还允许国会通过立法来加以限制。

（六）宗教信仰自由

新加坡是一个移民社会，不同的种族带着自己的语言、文化、宗教和价值观念纷至沓来，组合成一个多种族大家庭、一个罕见的多元社会和一个五彩缤纷的宗教大观园。新加坡汇集了世界上形形色色的宗教，从三大宗教到一些几乎绝迹了的小宗教都可以在这里找到踪迹。无论是在国家机构的设置和组成方面，还是在公民权利的保护方面，都体现了对少数种族和宗教信仰者的特殊保护。

新加坡宪法特别重视宗教信仰的保护，这是因为新加坡和马来西亚都有过种族冲突和骚乱的痛苦历史。新加坡是一个移民人口占绝大多数的国家，不同民族之间的冲突会加剧社会的不安。1969年新加坡设立了总统保护少数民族权利委员会，其主要职能是就国会或政府提交的任何影响新加坡的种族或宗教社区的利益的事务提出报告，并就部长作出的禁令进行审议和提出建议。1991年，国会通过《维护宗教和谐法》，创立了总统宗教和谐会议，授权部长限制那些利用宗教实现政治目的并威胁宗教和谐的人的自由。

（七）被告的权利

宪法对被告的保护有两项内容：一、公民有权向高等法院或其中的任何一个法官申诉。一个人正被非法拘禁，法院应调查申诉，并在不能证明拘禁是合法的时候，应命令此人交由法院处理并予释放；二、在一个人被逮捕时，他应尽早被告知逮捕的理由，并被允许根据自己的选择征求法律从业人员的意见和获得辩护。在第一种情况下提出申诉是通过人身保护令状的形式，而且不必由被拘禁者本人提出，可以由其他人代表他提出。第二种情况包括三项权利，即有权被尽早通知被捕的理由，有权咨询和有权获得辩护。

（八）反对有追溯力的刑事法律方面的保护

这种权利有两层意思：一是任何人不因实施一项根据当时的法律不受惩罚的行为或过失而受到惩罚；二是任何人不应受到比实施犯罪时法律规定的惩罚更严厉的处罚。有追溯力的法律违反法治的原则，因为对一个不可能知道其行为将受惩罚的人进行制裁是不公正的。立法机关也不得制定有追溯力的法律。这方面的自由简单说就是既不能创立有追溯力的新罪名，也不能实施有追溯力的刑罚。

（九）免受重复追究的危险的权利

禁止重复追究原则源于古罗马法律精神，在大陆法系诉讼制度中称作“一事不再理”，在英美法系国家中为“禁止双重归罪”或者“不受双重危险”。其内容在于，对被追究者的同一行为，一旦做出有罪或者无罪的确定判决，即不得再次对同一行为予以审判或处罚。该原则主要用于防止国家权力之滥用，保障受追究者的合法权益。但这种保护仅适用于刑事程序。

新加坡永久居民即Singapore Permanent Resident，简称SPR（有些人称为“新加坡绿卡”），一般移民首先获得的是SPR身份。新加坡公民与永久居民有一定的区别，主要在下面几个方面[①]：新加坡公民持新加坡护照，而新加坡永久居民持本国护照；新加坡护照持有者，不存在子女的身份问题，而永久居民就不一样了，永久居民的子女也只能持有SPR身份；新加坡公民的身份证是粉色的，而永久居民是蓝色的，SPR持有者进出新加坡需要获得许可多次出入境的签证；在政治权利上永久居民不可以在新加坡享受任何只属于公民的权益，比如选举权，以及政府规定只有公民才可以做的工作，如政府公务员；公民享有新加坡公民享有的永久权益，而新加坡永久居民身份需要延期，通常第一次申请SPR是5年，然后延期申请可以选择5或者10年；SPR持有者第一代男士不需要服兵役，而SC（公民）持有者都需要服兵役；新加坡公民享受政府花红、红利、津贴等等，而永久居民不享受；新加坡公民购买政府组屋有政府津贴，而永久居民没有，新政策之前都是不可以买新的组屋，需要在转售市场（Resale Market）买，所以会让第一个新加坡公民屋主赚到10万新元左右的差价。根据最新的政策，有些新组屋新加坡永久居民也可以买了，但由于有很多限制，而且只能是某些规定地区内的组屋，所以该新政策的永久居民受益人目前还不是很多。永久居民可以享受（也必须接受）的好处有：与公民一样的公积金的相关缴纳规定，取消SPR身份时可以拿回部分公积金；个人所得税的纳税率也和新加坡公民

①参见http://www.studysg.com/news/content-95163.html。

一样；21岁以上并且是以永久居民身份住满2～6年的可以申请SC；这时候找工作比较容易，因为每个公司对于聘用各种工作准证持有者都有一个数额限制，而对聘用SPR没有限制。

八、新加坡政体及国家机构简介

根据新加坡宪法，新加坡采取议会共和制政体（又称内阁制共和国），总统为国家元首，由全民选举产生，任期6年。总统委任议会多数党领袖为总理。总统有权否决政府预算和公共部门职位任命；可审查政府行使内部安全法令和宗教和谐法令所赋予的权力以及调查贪污案件。总统顾问理事会受委托向总统提供咨询和建议。总统在行使某些职权，如主要公务员任命时，必须先征求总统顾问理事会的意见。总统和议会共同行使立法权。议会称国会，实行一院制。议员由公民投票选举产生，任期5年。国家机构三权分立。具体表现在以下几方面：

第一，选举制。新加坡宪法规定，公民有选举权和罢免权；总统由直接民选产生，为国家元首。国会议员也由选举产生。总理从国会多数党中产生，其领导的内阁拥有行政权，并由独立的公共服务委员会管理公务员的聘用以及处分。总理从议员中选出内阁部长。

第二，轮换制。这是与终身制相对立的一种政治制度，它不承认有世袭的特权等级。它的基本原则是规定国家元首、政府首脑和议会，都要有一定的任期，其中总统任期6年。

第三，分权制。其内容除了“三权分立”之外，还包括国家各级领导人依法分掌若干权力，分工负责，相互制衡。

新加坡独立后之所以选择议会制共和政体的形式，其主要原因在于：新加坡过去是英国殖民地，受英国的影响较深，独立后也借鉴了英国议会君主制（或君主立宪制）政体的某些内容来组织自己的政府。

新加坡政府运作十分强调权力之间的制约与合作的相互融合，特别是行政权与立法权的协调配合。国会议员出任内阁成员，长期由一个政党执政的特殊机制从客观上保证了国家权力运作的和谐与合作。李光耀1954 年创立人民行动党，该党从1959年开始至今一直执政，目前虽有22个反对党，但政治影响很小。人民行动党作为执政党长期控制国家政权，在立法权、行政权、司法权的结构内部及其运作上发挥宏观的影响力。这种“多党并存，一党独大”的政党制度保证了国家的政治稳定。在新加坡人看来，新加坡社会结构复杂、资源缺乏，持不同政见者造成社会的不稳定，新加坡这样的小国承担不起这样高额的代价。

九、国会[①]

新加坡曾经是英国的殖民地，1959年取得自治之后，新加坡承袭英国政府遗留下来的国会政府制度，此制度便是英国威斯敏斯特的国会制度。其主要特点是：政府是以人民的意愿为基础，而这是通过人民投票选举国会代表来表达。由于人民的意愿是国会的基础，所以国会至上，国会是国家权力的来源，是主要的立法机关。1965年8月9日，新加坡退出马来西亚联邦，成立新加坡共和国。新加坡的立法议会，当时作为马来西亚的一个州议会，按理应当自动提升为新加坡共和国国会。但实际上由于当时执政的人民行动党和最大反对党社会主义阵线在立国理念上发生严重分歧，政府宣布将成立新加坡立法议会的日期推迟到12月。等到12月8日正式成立共和国第一届国会时

①参见http://www.parliament.gov.sg/home/main.htm。

同样遭到社会主义阵线的抵制，以社会主义阵线为主力的左派自动退出国会正中了人民行动党下怀。从此社会主义阵线没有机会重返新加坡政治舞台，其反对党实力也一落千丈，人民行动党从此在国会再也没有对手，奠定了数十年来完全控制国会的地位。

国会是最高立法机关之一（总统与国会共同组成立法机关），采用单院制，原称是立法会议，它由普选产生，任期为5年，可以提早解散，但必须在解散后3个月内举行新的大选，候选人必须是年满21岁的新加坡人。国会职权主要包括立法权、决定权和监督权。国会的主要职责是制定、修改和废止法律，还有控制财政之审查预算及质询内阁政府各部门的政策。至于与国会立法机构相对等的便是最高行政机构——内阁，内阁总理则是国家最高之行政首长。内阁总理由国会最大党领袖所担任，并通过总统任命及大多数议员之信任后才可出任。此外，总统将依照总理的建议从国会议员中任命各部首长，内阁总理应对政府进行总体领导和控制，并集体向国会负责。

（一）国会议员及其选举

宪法规定议员的当选资格是：新加坡公民；于提名日已年满21岁；在本届选民登记册中有其名字；会说（有足够熟练程度的说话能力）、会读（除非由于失明或其他身体原因而丧失能力）、会写至少下列语言之一：英语、马来语、华语和泰米尔语；根据宪法有关规定未被剥夺议会议员的资格。

新加坡议员选举制度是世界上独一无二的，反映出这个亚洲多民族岛国的政治、经济和文化状况。新加坡国会现有93名议员，按产生方式可分为3种类：（1）普通议员或选区议员，这是通过选举即大选或补选产生的议员，这些议员要为各自的选区服务，一个议员只能代表一个选区。（2）非选区议员，他们并不是直接通过选举进入国会的。这项制度始于1984年，产生的背景是：新加坡执政党的力量太大，为了保证国会有非执政党的政党代表，为了保证国会有不同的声音，法律规定：在大选中落选的得票最多的反对党候选人将被委任为议员。这样产生的议员不能代表选区，但他们与选区议员有同样的权利和特权，只是他们不能参加某些法案的表决。每有一名反对党候选人当选，就减少一名非选区议员。（3）官委议员，他们不是由选举产生，也不为选区服务，他们由国会特选委员会推荐，由总统任命，任期为2年，被提名的人必须是为公共服务作出过突出的贡献，或为新加坡共和国赢得过荣誉，或在文学、艺术或社区服务等方面有过杰出的成就。他们的作用是要反映独立和无党派人士的意见。

大选必须在国会解散后的3个月内举行。所有年龄达21岁的公民都有权投票。而且，选民的投票是强制性的，若无故不参加投票，则暂被取消其选举权；若要恢复选举权，则须缴纳一定数量的罚金。

在选区划分方面，实行单选区与集选区并用。新加坡的选举程序和过程也有自己的特色。新加坡的选区分为2种：一种是小选区或单名选区，这与其他国家的小选区制度相同，即一个选区只产生一名议员。另一种是为了保障新加坡少数族群的代表权的集选区，这是新加坡所特有的选区制度。集选区实际上是三个小选区结合为一个大选区，但这与其他国家主要实行政党名单制的大选区不同。在选举中，选民对三个候选人组成的小组投票而不是对个人进行投票。获得最高票数的小组即全部当选为议员，不计算其中每个候选人的得票情况。按官方的说法，新加坡以前的选举情况是：年轻的选民有一种投票倾向，即他们乐于选择那些最能适合自己需要的候选人，而没有充分意识到维持政党候选人名单上的种族平衡。总统可以宣布任何选区为集选区，在每个集选区中由3名候选人组成的小组中至少有1名属于某个少数种族（即不是华人）。

（二）国会会议及议长

国会以5年为一届，每届任期自第一次国会召开之日起算，但可以提前解散。国会每年至少举行一次会议，任何一届国会的末次会议与下届国会的首次会议之间相隔不应超过6个月。

国会的议长在新一届国会第一次集会时，由议员选举产生。议长本身既可以是议员也可以不是议员，但他必须具备当选议员的资格。国会会议由议长主持，如议长缺席，则由副议长主持。凡不担任部长、政务次长职的国会议员，或非国会议员但有资格竞选议员的人，都可以被选为议长或副议长。议长还是国会特权的保卫者，在其主持国会会议时在议长席就座，他不参加辩论，但他本人如果是议员时可以参加表决。

国会设有7个特别委员会：特选委员会、特权委员会、预算委员会、议院事务委员会、公共账目委员会、申诉委员会、议事规则委员会。

十、政党制度

新加坡没有照搬照抄西方式“政党轮替”的多党制，而实行“一党长期执政、多党并存”的政党制度。在新加坡，除人民行动党外，还有民主联盟、民主党、工人党、民主进步党等多个政党合法存在，但人民行动党一直是国会中最大的和单独组阁的政党。在过去的40多年中，人民行动党一直是唯一的执政党，在议会中也鲜有能够形成监督力量的反对党。人民行动党确实在新加坡民众中拥有很高威望，在建国后的历次选举中该党的总得票率从未低于60%。20世纪60年代中期，人民行动党一党长期执政的格局定型。在此后的连续4届大选中，其得票率保持在70%左右，且囊括了全部议席。进入80年代后，新加坡法律承认反对党的合法地位，允许反对党进入国会。但人民行动党的得票率仍保持在60%以上，而且稳固地占有国会中绝大多数议席。90年代至21世纪进行的4次大选，人民行动党的得票率一直维持在60%以上。人民行动党的长期执政地位是由历次大选即国会选举确认的，具有宪制上的合法性和权威性。新加坡法律赋予公民组织政党的自由权利，规定各政党的法律地位是平等的，都有权参加国会选举。

新加坡法律规定，5人以上可以组成政党。目前登记注册的政党有24个，除人民行动党外，其他政党主要包括：民主联盟、民主党、工人党、民主进步党、社会主义阵线等①。各主要政党情况如下：

（一）人民行动党（The People's Action Party）

执政党。1954年11月由李光耀、杜进才、蒂凡那等人发起成立。自1968年到1981年历届国会的全部议席一直由该党单独占有。人民行动党的纲领是维护种族和谐，树立国民归属感；建立健全的民主制度，确保国会拥有多元种族代表，努力建立一个多元种族、多元文化和多元宗教的社会。人民行动党从1959年至今一直处于执政地位，李光耀也长期任该党秘书长，1991年吴作栋接任。2004年12月，李显龙接替吴作栋出任该党秘书长。中央执行委员会为人民行动党的最高机构，正式干部每两年选举一次，设主席、秘书长，其中秘书长具有实力地位。

①蔡锡梅：《新加坡》，重庆出版社，2007年。

（二）社会主义阵线（Barisan Socialis）

成立于1961年8月13日，是由人民行动党中的左派工人运动领导人林清祥、方水双、李绍祖和林福寿等人在退出行动党后发起组织的。主张新加坡重新归于马来西亚的统治之下，倡导建立民主、和平和进步的社会，废除内部安全法，恢复集会、结社、言论和出版自由。该党曾在1963年的大选中获得13个议席，但是1965年在新加坡宣布独立后开始抵制国会和大选，从而失去了在国会中的全部议席，至今再也没有获得过一个席位了。20世纪70年代后内部分歧不断，使党的力量遭到严重削弱，连主席李绍祖也投入工人党，造成群龙无首，影响力急剧下降。

（三）工人党（The Worker's Party）

1957年11月创立，由前劳工阵线党领导人马绍尔所组织，主张和平、非暴力的议会斗争。1971年重建领导机构，提出废除雇佣制，修改国内治安法，恢复言论和结社自由。近年来影响有所扩大。1981年起，惹耶勒南（Joshua Benjamin Jeyaretnam，更常被称为J. B. Jeyaretnam，1926.1.5 ~ 2008.9.30）担任秘书长，领导工人党积极参加议员的竞选活动，在大选中数次赢得议席，在2006年大选中又获1席，不过其本人因赔偿问题于2001年退出该党，并于2008年申请成立新加坡改革党。

（四）新加坡马来民族机构（Singapore Malays National Organization）

该机构的前身是1946年3月成立的巫统。1967年改为新加坡马来民族机构，代表的是马来人的利益，宗旨是保证与实现马来人的宪法特权，促进各族人民的和谐共处；1972年以来，该机构都有代表参加竞选，但得票率均很低。为了帮助上百万的党员建立起友爱之情，增强党应对内、外挑战的能力，机构在培训新党员的过程中注意让他们了解该党的宗旨、民族斗争史和宏伟目标，各级党组织也经常开展由领导人与普通党员参加的活动来改善自己的形象。

（五）新加坡民主联盟（Singapore Democratic Alliance）[①]

2001年7月创立，由新加坡人民党（Singapore People's Party）、国民团结党（National Solidarity Party）、马来民族机构（Singapore Malay National Organization）及新加坡正义党（Singapore Justice Party）4个政党联合组成。2007年，国民团结党退出民主联盟。民主联盟参照马来西亚国阵概念而建立，目的是顺应选民要求，促成一个团结而有效的阵营与执政的人民行动党较量。2001年和2006年大选中均获得一个议席。

新加坡其他主要合法政党还有新加坡联盟党（Alliance Party Singapura）、回教阵线 （Angkatan Islam）、民主进步党（Democratic Progressive Party）、新加坡正义党（ Justice Party， Singapore）、国民团结党（National Solidarity Party）、新加坡国民党（National Party of Singapore）和人民党新加坡区部（Partai Rakyat， Singapore State Division）等。

十一、总统[②]

根据新加坡宪法，总统是新加坡的国家元首，是新加坡国家象征，是权力的象征，对内对外都是新加坡的最高代表。在威斯敏斯特模式下，总统的法律地位与实际地位是分离的。法律上拥有立法、司法和行政上的最高地位，但实际上是象征性

---

①参见中国国家外交部网站相关资料，网址为http://www.fmprc.gov.cn/chn/pds/gjhdq/gj/yz/1206_35/。

②参见新加坡总统府官网http://www.istana.gov.sg/ 及米良、魏晓敏：《新加坡宪法的发展及演变》，http://www.lawdoor.ynu.edu.cn/printpage.asp?ArticleID=360。

的、礼仪性的，其做出的行为必须以内阁建议为依据，没有实际的政治权力。在1984年，当时的总理李光耀曾暗示新加坡将实行民选总统。1988年10月，政府通过一项白皮书，正式提出了民选总统的改革建议。但在进行这项改革时，有一点是明确的，即议会制政府是不能改变的。换言之，新加坡不会因为将总统改为民选产生或扩大了总统权力就会成为总统制国家。

表1-4　新加坡历届总统

任期	任期总统
1965—1970年	尤索夫·伊萨（Encik Yusof Bin Ishak）（1910—1970年）
1970—1981年	本杰明·亨利·薛尔思（Benjamin Henry Sheares）（1907—1981年）
1981—1985年	蒂凡那（Devan Chengara Veetil Nair）（1923—2005年）
1985—1993年	黄金辉（Wee Kim Wee）（1915—2005年）
1993—1999年	王鼎昌（Ong Teng Cheong）（1936—2002年）
1999—2011年	塞拉潘·纳丹（S. R. Nathan）（1924— ）
2011—	陈庆炎（Tan keng Yam）（1940— ）

根据1991年1月的有关总统的宪法修正案的规定，总统必须是45岁以上的新加坡公民，并在新加坡居住10年以上；总统候选人由总统委员会提名；总统不得在任何法院诉讼中受到控诉，享有豁免权；在总统患病、离开新加坡或其他原因不能行使职务期间，其职权由总统顾问理事会主席代行；总统不得担任任何营利的职位，不得从事任何商业活动。真正意义上的新加坡总统民选始于1993年，曾是人民行动党骨干和前任工会主

席的王鼎昌当选总统。宪法修正案同时还改变了总统的宪法职能，即总统由人民直接选举产生，任期从4年改为6年，并在许多事务上拥有了实质性的权力：新加坡总统构成立法体制的一部分，享有一定的立法权，国会通过的法案经总统签署批准后即成为法律，从公布之日起生效。总统行使广泛的行政权，如任命议会中的多数党领袖为总理，依照总理的建议任命各部部长，组成内阁；经自由斟酌后可拒绝或同意解散议会的请求；经与总理磋商后，从公务委员会提交的名单中委派他挑选的公职人员为其私人职员。总统在三个方面对政府享有否决权：一是政府部门、法定机构和国有企业重要职位的任命；二是国家储备金的动用；三是涉及国家内部安全、贪污调查和种族和谐的重大事件的决定。总统对内阁权力的制约，有助于防止行政权的滥用，在传统的责任内阁制中引入了某种总统制的因素。①

尽管新加坡民选总统已由人民直接选举产生而不是由国会任命，权力也有所加强，有别于其他议会内阁制国家，但总统依然只是一种国家元首，还构不成真正意义上的行政首脑，在其他事务上行使的仍是象征性的权力。

十二、政府（内阁）②

新加坡政府的组织形式系采用内阁制，其特点是：（1）行政大权集中于内阁，特别是在总理手中；（2）内阁总理一般是由国会中占多数席位的政党领袖（经总统任命后）担任，内阁成员通常都是国会议员，他们一面在政府担任行政工作，一面在国会参加立法工作；（3）内阁总理和有关部长应定期向国会

①参见米良、魏晓敏：《新加坡宪法的发展及演变》，http://www.lawdoor.ynu.edu.cn/printpage.asp?ArticleID=360。

②见新加坡政府官方网站http://www.cabinet.gov.sg/。

报告工作，对国会负责；（4）内阁对政府所施行的政策负集体责任；（5）国会对内阁表示不信任或通过不信任案时，或是内阁集体辞职，或是解散国会，重新举行大选，但新选的国会如仍通过不信任案时，内阁仍须辞职，重新组阁。

国会中占多数席位的政党是执政党，执政党的领袖自然成为政府首脑（内阁总理）。政府（内阁）的组成，一般是由总理、副总理、各部部长、政务部长和政务次长组成。2010年新加坡在任总理为李显龙，他是新加坡政府第3任总理，为新加坡“国父”李光耀的长子，祖籍广东大埔县。他于2004年8月12日就任，期间曾多次访华。李显龙在2009年曾来华与中国温家宝总理进行会谈，期间签署了中新自由贸易协定和劳务合作谅解备忘录，新加坡媒体曾评论此举“极大推进了两国的经贸合作”。

新加坡内阁共设有15个部，它们分别是社会发展、青年及体育部，国防部，教育部，财政部，外交部，卫生部，内政部，新闻、通讯及艺术部，律政部，人力部，国家发展部，总理公署，环境与水源部，贸易与工业部和交通部。此外，新加坡政府设有62个法定机构，由除国防部和外交部以外的各政府职能部门分管。如贸易与工业部下属10个法定机构：科技研究局、竞争委员会、经济发展局、能源市场局、旅馆执照局、国际企业发展局、裕廊镇集团、圣淘沙发展集团、旅游局以及标准、生产力和创新局等。

表1–5 新加坡历任总理

任期	任期总理
1965—1990年	李光耀（Lee Kuan Yew）
1990—2004年	吴作栋（Goh Chok Tong）
2004—	李显龙（Lee Hsien Loong）

十三、司法机关[①]

新加坡的司法机关由各级法院和检察系统构成。依据新加坡宪法规定，新加坡司法机关依法、公正和独立地行使职权，不受政府或个人的干涉，以此确定了司法机关的独立审判权。司法官员享有司法豁免权，不可因其审判行为被民事起诉。为保证司法独立，宪法明确规定国会不可审议法官的司法行为，除非1/4的国会议员请求审议。新加坡不实施错案责任追究制度，因认为这破坏了司法独立。法律也保证司法机关的权威，藐视法庭的任何人士，可被判坐牢或罚款。

（一）法院

新加坡宪法规定，司法权力属于最高法院及通过成文法规定设立的基层法院。宪法本身对法院体制没有规定，司法体制基本上沿袭英国的制度，并通过议会法律加以规定。法院体制分为三级，即初级法院、最高法院和英国枢密院。[②]

初级法院（亦称基层法院）包括地方法庭、推事庭、少年法庭、验尸庭以及小额索偿庭。最重要的基层法院是地方法院和推事法院。二者均有民刑事案件的审判权（位于合乐广场的初级法庭审理刑事案件），其管辖范围由基层法院法和刑事诉讼法典来规定。地方法官、推事、验尸官以及小额索偿法庭仲裁员由总统根据大法官的推荐委任。同时也有一名主簿和几名副主簿履行法律和行政职责。此外，还有一些涉及特别事项的基层法院，如死因调查法院、少年法院和穆斯林婚姻法院等。初级法院在必要时可设立紧急法庭和夜间法庭。

---

①见新加坡最高法院网站http://app.supremecourt.gov.sg。

② 韩大元：《外国宪法》，北京：中国人民大学出版社，2000年。

初级法院法官及法律官员委任由法律服务委员会决定，这些法官是国家的公务员。因为法律委员会的主席是全国首席大法官，大法官统一领导这些初级法院官员和法律官员，所以，这些法官独立于其他政府部门，遵循大法官的领导，独立地行使司法权，不受任何政府部门或个人的干涉或左右。

最高法院由高等法院和上诉院所组成。最高法院的司法管辖范围和权力由宪法和最高法院法规定。最高法院由首席法官和法官组成。法官由总统根据总理的建议任命；首席法官同时是最高法院的院长。

最高法院具有广泛的民事和刑事管辖权，于1867年当新加坡马六甲及滨城成为伦敦直辖下的英属殖民地之际设立。最高法院的大法官和其他法官由总统根据总理的推荐任命。总统委任法官之前将先同大法官商量。最高法院的法官从高到低依次为：大法官、上诉庭副庭长、上诉庭法官、高等法庭法官、司法委员。最高法院有一名主簿、一名副主簿以及多名助理主簿。上述人员由总统根据大法官的推荐而任命。

高等法院由大法官及高等法院各法官所组成。高等法院除了行使民事与刑事案件初审司法权之外，也拥有上诉审判权。除了有权审理所有在新加坡犯下的罪行，在某些情况下，高等法院也可审理在新加坡以外所犯下的罪行。如果一名被告被判某项罪名成立，高等法院可就该项罪名依法判处任何刑罚。

高等法院有权审理刑民事案件的初审和上诉案件。高等法院还有一项权力叫复核管辖权，即它可以审查由初级法院已经审结的案件。高等法院的法官可以要求提交和审查基层法院的卷宗，以判断案件的审理和判决是否正确、合法、适当以及是否符合程序。案件当事人请求或高等法院法官的提议均可以启动这一程序。除非成文法另有规定，否则在高等法院进行的每一宗诉讼程序都是由一名法官审理。在审理某些案件时，高等法院可委任一名或多名对所审理的事项具有丰富经验的专业人士充当顾问到庭助审。

高等法院的法官受宪法的保护，高等法院法官是由总理向总统推荐，再由总统委任。法官享有“铁饭碗”的权利，不到法定退休年龄65岁，不可革除其职，除非他自己辞职，或因犯罪行为而遭特设法庭依法定程序撤销其职，或因身体或健康关系而须辞职。上述规定保证了高院法官能毫无惧畏地独立行使司法权，不必担心因审判行为而失职。

上诉院是新加坡的终审法院，即诉讼人士可以上诉的最后以及最高的法院，负责审理任何不服高等法院法官在民事和刑事案件中所作的裁决而提出的上诉。1994年4月8日，新加坡废除了向枢密院司法委员会上诉的权利，上诉法院遂成为新加坡的终审法院。上诉法院由大法官以及上诉法院法官组成，由大法官担任上诉法院的院长。高等法院的法官也可以应大法官的要求审理上诉法院的案件。大法官若因任何原因缺席时，上诉法院的案件则由其中一名上诉法院法官主审。

上诉法院和刑事上诉法院是新加坡最高的民事和刑事法庭。它们只行使上诉案件的管辖权，审理从高等法院上诉的民事和刑事案件。它们审理案件时由3名法官组成合议庭，但该案件在高等法院审理时参加审判的法官不得包括在内。

新加坡的法院体制在20世纪90年代杨邦孝大法官上任之后才开始真正的改变和重组。1993年7月1日，新加坡国会通过修正《最高法院法令》，废除了原本分开的民事上诉庭和刑事上诉庭，而设立单一的永久上诉庭，审理民事与刑事上诉案件[①]。

---

①汪慕恒：《当代新加坡》，成都：四川人民出版社，1995年。

新加坡同时还设有高科技法院，它是最高法院的附属部分，成立于1995年7月8日。新加坡是世界上首先设立高科技法院的国家之一，其法庭拥有最现代化的电脑、视听设备。诉讼当事人可以通过电脑陈述案情，即呈交证据；视听系统使诉讼当事人能进行跨国电视录像，海外证人也可通过这个法庭的电脑视听系统出现在银幕上供证，不必赶来新加坡出庭。为了进一步利用法庭设备和时间，初级法庭于1991年6月设立夜间法庭，以处理部门和交通案件。夜间法庭的设立在东南亚是首创之举。

新加坡各类案件审理期限即候审期如下①：

民事案件：

上诉庭为1～2个月；

高等法庭为6个星期；

初级法庭为3～4个星期；

小额索偿法庭为7～14天。

刑事案件：

上诉庭和高等法院均为1～2个月；

初级法庭为4个星期。

（二）枢密院

从殖民地时代到1994年4月8日，新加坡法制的最终上诉庭是英国的枢密院司法委员会，其判例对新加坡法院具有最高的权威和法律约束力。枢密院司法委员会也就是通常所说的枢密院，一直是英国殖民地、保护国以及作为独立国家的英联邦成员国的最高上诉法院。在整个殖民地时期，枢密院始终是新加坡的最高上诉法院。这一情况在1963年新加坡与马来西亚合并

---

①参见李梅华：《新加坡司法体制点滴》，http://www.hicourt.gov.cn/theory/artilce_list.asp?id=2875。

以及1965年独立后仍继续存在。其法律根据源于新加坡宪法和司法委员会法①。

1989年，新加坡国会立法限制诉讼当事人对枢密院提出上诉的权力，如专业行为不检被革除律师资格的律师和刑事案的诉讼当事人（除了被判死刑而新加坡上诉庭法官的判决不一致时）一律不准向枢密院提出上诉；而只有当立约当事人在契约中约定枢密院为立约当事人解决契约纠纷的终审法庭时，立约当事人才有权力向枢密院提出上诉。这种限制到枢密院上诉的司法策略减少了新加坡法制与英国枢密院的历史联系。

1994年1月8日，新加坡大法官在新司法年开庭仪式上宣布一项司法判例诉讼程序声明，这项史无前例的声明清楚地指出：

（1）新加坡最高法院上诉庭在处理民事与刑事上诉案时，将不受到任何枢密院判决的约束，无论这些上诉案的判决是来自新加坡或来自其他国家，都一样不再对新加坡上诉庭具有法律约束力；

（2）作为新加坡的最终上诉庭，上诉庭也将不再受它本身过去所作的任何判例，或其前任具有同等审判权的法庭所作的任何判决的约束。

这项声明意味着新加坡最高法院上诉庭为了追求公正和正义而在适当的案情中可以背离判例原则，创造先例。过去的判例原则在当时的情况或许是正确公正的，但因新加坡环境的快速改变，过去的判例原则会因此过时而不适用。

1994年4月8日，新加坡通过制定《司法委员会废除法令》正式断绝与英国的枢密院司法委员会的历史性联系。从那个日

①韩大元：《外国宪法》，北京：中国人民大学出版社，2000年。

子开始，新加坡法制的最终上诉庭便是新加坡最高法院上诉庭。在新加坡从事海事或金融的人士若想利用别国的法律解决纠纷，仍可选任英国或其他国家的仲裁庭，以仲裁庭判决解决纠纷。

宪法没有规定法院司法审查权问题，但普通法肯定了这种权力，同时也可以在法院的固有权力中找到依据。最高法院有权保证宪法得到立法和行政机关的遵守。它可以宣布任何行使权力的行为因违反宪法或超越宪法赋予的权限而无效。但在实践中这一权力几乎没有得到运用。

（三）检察系统

新加坡的检察官包括总检察长、副总检察长和副检察司。总检察长的设置始于英格兰的制度，当时总检察长是国王的首席法律顾问。新加坡和马来西亚均设立了这个职位，但后来有不同的发展。

新加坡的独立机构包括总检察署、总审计署和公共服务委员会。从体制上而言，总检察署纳入政府行政系统，但其与立法、司法等有着密切的关系，负责为政府部门提供法律指导以及负责新加坡的一切检控事宜。根据新加坡现行宪法的规定，总检察长由总统根据总理的建议从具有担任高等法院法官资格的人员中任命，是新加坡政府的首席法律顾问，是全国最高的执法官，其地位仅次于高等法院首席法官，高于高等法院其他法官。如果总统不同意总理的推荐，他可以拒绝总理的提名，但他这样做以前有责任征求总统咨议会的意见。总理在提出建议前，应与现任检察长、首席法官和公务委员会主席进行磋商。被提名者必须具有最高法院法官的任职资格。总检察长的职能是为政府提出法律建议。总统和内阁均可以为其分配任务。

新加坡总检察长独立行使检察权，不受行政机关、社会团体和任何个人的干涉，唯有高等法院享有权力纠正总检察长的检察权的行使。对于一切刑事案件，总检察长都可以代主控官或以检察长的身份出庭公诉，但只有在关系到公共利益的重大刑事案件，总检察长才会出庭公诉。总检察长的权力和地位受《新加坡宪法》保障，只有在总检察长因健康等原因不能履职或行为不检或经特别法庭（由首席法官和首席法官为此目的任命的两名高等法院法官组成）同意的情况下，总理才可提议并由总统免除总检察长的职务。总检察长实行任期制，但其任期由总统酌情决定，可以连任，不受届数的限制。总检察署的其他检察官由新加坡法律服务委员会从大学法律系毕业且通过招录考试（包括笔试和面试两个阶段）的人员中择优选任。

另外，总检察长还有权就刑事犯罪提起公诉，即所谓的公诉人的角色。总检察长有权行使自由裁量权，决定提起、进行或中止刑事程序。除了宪法规定的职责以外，根据普通法，总检察长还是公共利益的保卫者，即他可以通过所谓的“促讼人诉讼”以其名义向任何当事人提起诉讼以保护公共利益。在这种制度下，任何普通的公民如果希望法院介入保护某些公共利益和权利，就可以对违反这些权利或利益者提起诉讼。尽管他自己的实际利益并没有受到损害，他只要借助总检察长的名义就有权提起诉讼。

（四）法律服务委员会

法律服务委员会由首席法官、总检察长、公共服务委员会主席、1名高等法院法官和不超过2名公共服务委员会的成员组成，主席由首席法官担任。它是专门负责管理法律服务人员的机构，其主要职责是委任、调遣法律服务界（包括初级法院和总检察署、律政部、所得税管理局等政府部门）的法律官员，以及对法律官员进行考核、监督，有权决定法律官员的升迁、纪律处分甚至开除。按照新加坡《律师法》的规定，政府部门中凡是具有律师资格的人员和其他法律官员都被视为政府的法律服务人员。从身份来讲，总检察署的所有检察官均是新加坡的政府律师，承担着公诉、提供法律服务等政府律师职责。因此，所有检察官均得由法律服务委员会任命。

（五）法律部

法律部隶属于新加坡总检察署，其主要任务是为新加坡政府各部门提供法律咨询和法律服务。如对政府与他国或他人所签订的合同，法律部官员要确保合同保护政府的合法权益；在国会的立法中，法律部代国会拟定法律条文草案；当行政部门遇有法律疑问时，便会向法律部门请求释义，法律部门便会为其提供意见，政府部门便会依其意见处理行政事务。法律部确保政府部门的行政行为免受法庭的复议或批判。因此，法律部也是民众的警卫，它确保政府的行为不违法、不越权。

第二章
经济概况

本章导读

☆新加坡国土面积狭小，自然资源匮乏，一无资金，二无技术，但在短短几十年的时间里，一跃成为亚洲经济最发达、人均GDP最高的国家，创造了令人瞩目的经济奇迹。新加坡从20世纪60年代到21世纪前10年经历了7次转型，每一次转型都为其经济发展带来了新的发展动力。新加坡航空业、化工业、洁净产品、消费品行业和电子行业等各行各业向世人展示出其强劲的发展潜力。本章将从以上各方面介绍新加坡的经济发展状况，从而展示出新加坡创造经济奇迹的历程。

第一节 新加坡经济概况

新加坡在东盟十国里国土面积最小，自然资源匮乏，但其经济发展却是可圈可点。新加坡的主要产业群有航空业、化工业、洁净能源、消费产品、电子业、能源业、工程业、环境水务业、医疗业、资讯科技业、休闲与旅游业、物流与供应链管理业、海事及近海工程业、传媒业、自然资源、石油与天然气、制药及生物科学业、精密工程业、专业服务和电信业。新加坡的传统经济以转口贸易、加工出口和航运业为主。新加坡的经济属于外贸驱动型经济，高度依赖美、日、欧和周边市场。①进出口贸易是新加坡经济最主要的驱动力，是新加坡国民经济的重要支柱。由表2-2可知，2009年新加坡商品进口3,562.992亿新元，出口3,911.182亿新元，主要贸易伙伴有马来西亚、欧盟、美国、中国、印尼、日本、中国香港和中国台湾等。独立后，新加坡坚持自由开放的市场经济政策的同时，政府积极引导和干预，推行工业化战略，改变单一经济格局，建立以工业为主导的多元经济体系，加紧发展资本密集、高增值的新兴工业。政府目前的经济发展方向是：以服务业为发展中心，加速经济国际化、自由化和高科技化。近年来，为进一步发展经济，新加坡大力推行“区域化经济策略”，加速向海外投资，积极开展在国外的经济活动。

20世纪60年代以来，新加坡在世界经济舞台上异军突起，经济迅猛发展，取得了令世界瞩目的巨大经济成就。1960—1984年间，新加坡GDP年均增长率超过9%，成为亚洲经济“四

①参见中华人民共和国外交部网站http://www.fmprc.gov.cn/chn/pds/gjhdq/gj/yz/1206_35/。

小龙”之一。新加坡的工业主要包括制造业和建筑业，2006年工业产值为691.87亿新元，占国内生产总值的33.1%；服务业为经济增长的龙头，2006年产值为1,326.64亿新元，占国内生产总值的63.5%。旅游业为外汇主要来源之一；游客主要来自东盟国家、中国、澳大利亚、印度和日本。2007年，新加坡人均GDP达34,152美元，首次超过日本成为亚洲第一。2008年，新加坡的GDP为2,735.372亿新元，人均达到38,972美元，列全球第22名。在短短的40年时间里，新加坡就从一个一穷二白贫穷落后的第三世界国家跻身于与欧美传统发达国家并列的第一世界国家。即使在1997年亚洲金融危机和2008年全球金融危机中，新加坡经济在遭受重创、经济发展模式屡受质疑的情况下，也能很快从危机中走出来，并迅速恢复。2009年接待外国游客约968万人次（不含陆地入境的马来公民），比上年上升9.0%。新加坡交通发达，设施便利，是世界重要的转口港及联系亚、欧、非、大洋洲的航空中心。

表2-1 新加坡1999—2009年国内生产总值一览表

年份	总值（亿新元）	增长率%
1999	1,438.679	1.1
2004	1,904.842	13.9
2005	2,087.637	9.6
2006	2,305.092	10.4
2007	2,664.051	15.6
2008	2,735.372	2.7
2009	2,650.579	–3.1

资料来源：新加坡国际企业发展局，转自《新加坡2010年统计年鉴》[1]（*Yearbook of Statistic Singapore*）。

①参见http://www.singstat.gov.sg/pubn/reference/yos10/yos2010.pdf。

表2—2　新加坡1999—2009年对外贸易额统计一览表（单位：亿新元）

年份	总贸易额	进口额	出口额
1999	3,824.312	1,881.416	1,942.896
2004	6,289.527	2,933.377	3,356.15
2005	7,157.228	3,331.908	3,825.32
2006	8,104.833	3,789.241	4,315.592
2007	8,466.075	3,959.797	4,506.278
2008	9,276.548	4,508.926	4,767.622
2009	7,474.174	3,562.992	3,911.182

资料来源：新加坡国际企业发展局，转自《新加坡2010年统计年鉴》（*Yearbook of Statistic Singapore*）。

表2-3　新加坡1999—2009年区域贸易额统计一览表（单位：亿新元）

年份	1999	2004	2005	2006	2007	2008	2009
总贸易额	3,824.311	6,289.524	6,977.227	8,104.833	8,466.076	9,276.547	7,474.173
与美洲贸易额	762.279	846.147	920.428	1,082.808	1,101.508	1,178.087	961.144
与亚洲贸易额	2,323.156	4,289.212	4,794.225	5,640.056	5,904.82	6,440.485	5,135.149
与欧洲贸易额	607.918	896.784	942.616	1,010.077	1,083.052	1,191.694	1,010.381
与大洋洲贸易额	98.143	198.815	251.746	290.845	288.875	348.542	277.821
与非洲贸易额	32.815	58.566	68.212	81.047	87.821	117.739	89.678

资料来源：新加坡国际企业发展局，转自《新加坡2010年统计年鉴》（*Yearbook of Statistic Singapore*）。

第二节 新加坡经济行业概况

一、农业概况

新加坡是一个城市经济国家，农业在国民经济中所占比例不到1%，主要有园艺种植、家禽饲养、水产和蔬菜种植。农业拥有可耕地面积5,900公顷，占国土面积的9.5%。新加坡自然资源贫乏，使得农产品不能自给，大量依赖进口。新加坡80%的蔬菜从马来西亚、中国、印尼和澳大利亚进口，粮食全部依赖进口。新加坡农业中有少量高产值出口性农产品的生产，如热带兰花、观赏用的热带鱼和一些传统的热带经济作物等。

随着城市化不断发展，耕地不断减少，新加坡非常重视都市农业，并向高科技和高产值农业发展。新加坡建有现代化集约的农业科技园、农业生物科技园和海水养殖场。新加坡目前共有6个现代化农业科技园，是新加坡主要的都市农业。农业科技园的基本建设由国家投资，然后通过招标方式租给商人或公司，租期为10年。新加坡现有耕地约1,500公顷，供500多个不同规模农场经营。其中有一个用气耕法（即在有空调设施的温室内种植，植物根部暴露在空气中，每隔5分钟喷洒含营养物质和肥料的制成雾水的冷水，不喷农药）种植蔬菜的农场，它是世界上第一个在热带国家用气耕法来种植蔬菜的农场，能够生产富有营养而安全的新鲜蔬菜。用气耕法种植不仅比传统的土耕法节省土地，而且比水耕法节省水（水可以循环使用），唯一的不足之处是此种方式的生产成本较高，当然，如果生产高档蔬菜，则优于进口。新加坡农业生物科技园占地10公顷，拥有现代化先进设备，进行新农业技术（如动植物基因研究、新品种选育等）研究与开发工作。新加坡海水养殖场则拥有45公顷海水面积。

二、工业概况

自1965年从马来联邦脱离后，工业化推动了新加坡的经济转型。新加坡的制造业主要包括炼油、石化、修造船、电子电器、纺织和交通设备等部门。新加坡是世界第三大炼油中心。新加坡的电子工业是增长最快的部门，但面临着其他亚洲国家的竞争。政府正致力于提高生产率，以在低成本、高技术领域保持竞争优势。

三、服务业概况

新加坡服务业发达，随着东南亚经济的发展，新加坡的服务业还将进一步发展。金融业是新加坡最大的服务业部门，在过去几年里发展很快。新加坡旅游业发达，是外汇主要来源之一。1995年来新加坡的旅游者近714万人，主要来自日本、印尼、马来西亚、中国台湾和韩国等国家和地区。

表2-4 新加坡1999—2009年到访游客统计一览表（万人）

年份	游客总人数	美洲人	亚洲人	欧洲人	大洋洲人
1999	685.56	44.43	479.73	105	56.4
2004	825.45	42.21	607.92	107.08	68.24
2005	885.61	47.05	650.77	112.54	75.25
2006	965.44	50.98	711.02	121	82.44
2007	1016.49	52.42	747.71	126.56	89.8
2008	1001.91	50.54	723.44	132.23	95.7
2009	960.6	46.77	689.44	130.74	93.65

资料来源：新加坡国际企业发展局，转自《新加坡2010年统计年鉴》（*Yearbook of Statistic Singapore*）。

第三节　新加坡经济发展和结构转型历程

新加坡在其近50年的发展历程中，机遇大于挑战，经历了7次经济发展模式和结构的转型，而每一次转型都给新加坡经济注入了新的活力。

第一阶段：经济基础形成阶段（1960—1964年）

新加坡的传统经济以转口贸易、加工出口和航运业为主。独立后新加坡经济发展模式向进口替代转型，工业经济得到初步发展，为其经济腾飞奠定了一定的基础。在此之前，新加坡经济高度依赖转口贸易，但由于国内资本缺乏和技术力量薄弱，工业基础微弱，经济结构畸形，无法解决严重失业问题。新加坡成为马来西亚联邦的一个自治州以后，为充分利用马来西亚的广阔腹地，州自治政府采取进口替代战略，致力于发展工业经济，经济结构得到优化，就业压力逐步缓解。5年间，新加坡经济年均增长率达5.1%，制造业增加值从占GDP的11%提高到14%，工业企业发展到100家左右。

第二阶段：发展工业出口阶段（1965—1970年）

新加坡独立后虽然拥有了政治上的主权，但经济上却失去了马来西亚这一大原料来源地，商品的销售市场也在缩小；英国宣布撤出驻军致使新加坡失去了20%的国内生产总值，而且新增了4万人的失业人口。为了解决经济困难，新加坡政府在制定第二个五年计划时，对过去的工业发展目标进行调整。根据本国劳动力便宜的特点，新加坡政府把进口替代发展战略调整为出口导向发展战略，鼓励企业根据市场的需要为出口而生产。劳动密集型工业逐步形成，既增加了国家经济收入，也解决了民众就业问题。1967年政府通过《经济扩展奖励（减轻所得税）法案》，规定凡政府批准的制造业公司，其新产品出口及出口增加的利润只征税4%（一般公司高达40%）。1968年设立“新加坡开发银行”和“裕廊工业区管理局”。同年，政府颁布《雇佣法》和《劳动关系（修正）法令》，对雇员的权利和责任做出了明确的规定，以减少摩擦，推进劳资合作，创造良好的投资环境。政府通过优惠政策吸引资金，通过发行公债筹集10.7亿元资金，其中7亿用于建设基金。新加坡重点发展炼油业、电子业和修船造船业等制造业。同时，政府通过财政和中央公积金等措施为发展出口导向工业积累资金，对缺乏资金和专业技术而无法经营的私人企业实行国有化，如新加坡航空公司、海皇轮船公司、三巴望造船厂、新加坡发展银行等都是在这个时期收归国有的。这一时期国内生产总值年增长率达到12.8%。新加坡从1968年起经济开始起飞，形成以出口贸易和制造业为主的二元经济结构。

第三阶段：实现产业转型的过渡时期（1971—1978年）

进入70年代后，面对许多发展中国家的挑战，新加坡政府制定了由劳动密集型工业向资本密集型工业转型的过渡战略，开始注重发展资本密集型制造业，力求最大限度解决失业问题，实现充分就业。新加坡政府在这一时期开始大力提倡工业自动化，加强了在造船修船业、炼油厂等方面的建设。从1965年到1979年间，新加坡GDP年均增长10%，失业率由建国初的10%降至3.3%，制造业占GDP比重由1965年的15%增加到1979年的27%。

政府大力推进教育改革，发展工艺技术教育，提高劳动者的素质。放宽移民条件，吸收国外技术工人以补充劳动力。政府于1972年制定“公共工程五年计划”，先后投资258亿新元，用于公用事业和基础设施建设以及居民区建设。这一时期新加坡经济高速增长。国内生产总值年增长率为12.8%。1979年，人均国内生产总值达到3878美元，跃入世界前31名。新加坡基本实现了工业化，形成了以制造业、金融业、运输业和通讯业为支柱的多元经济结构。

第四阶段：资本密集型和技术密集型阶段（1979—1984年）

在这一阶段，新加坡经济增长率达到8.5%。1979年，新加坡劳动力供应一度紧张，工资成本持续增加。周边发展中国家以较低的商业成本吸引外国投资者，成为新加坡引进外资的有力竞争对手。随着新加坡经济基础逐步稳固，政府开始着手优化经济结构，将制造业朝着高附加价值、更加资本密集型和技术密集型方向转化。面对这样的局势，新加坡政府决定开始第二次工业革命，实施“经济重组计划”。政府通过财政和金融政策，鼓励采用先进的技术和设备，逐渐淘汰劳动密集型产业，大力开发技术密集型和知识密集型产业，使工业部门朝着高技术、高工艺、高增值的“三高”方向发展，向机械化、自动化、电脑化过渡，提高服务业的专业化、系列化和高效化，从根本上加强新加坡产品在国际市场上的竞争力。经济重组进一步改善了新加坡的经济结构，巩固了以机械、运输、外贸、旅游和服务五大支柱为主的多元化国民经济格局，并使经济朝高级化的方向发展。新加坡政府选择了11个先进技术项目作为鼓励优先投资的领域①，并制定了众多优惠政策。新加坡的研发、设计、工程、信息科技等行业逐步兴起，吸引了以国际著名跨国公司为投资主体的电脑、电脑附件制造业以及石化制造

---

①这11个项目分别为自动化器材组件和汽车部件、机械与机械器具、医疗与外科仪器设备、化学品与医药制品、电脑及电脑硬件与软件开发、电子测试仪器、光学仪器与设备、精密机械工程、高技术电子产品、水压机及空气压缩机系统，以及上述各项工业部门的重要辅助工业。

业陆续落户新加坡。在这期间，新加坡的经济虽有起伏，但资本密集型产业获得迅速发展。1984年，新加坡国内生产总值达388.7亿新元，人均收入达到11,482新元，年均增长6.2%，达到中等发达国家的经济水平。

第五阶段：技术升级换代阶段（1985—1990年）

这一时期，新加坡的经济从独立以来第一次出现负增长，1985年度比上一年度下降了1.8%。因石油危机导致的世界性经济危机使新加坡经济雪上加霜。政府成立了经济委员会，提出应付危机、走出困境的措施，制定了工业生产向高技术、高增值转化的中长期经济发展战略。新加坡经济从1986年开始复苏，是年增长率为1.8%，此后持续增长，1987年为9.4%，1988年达到11.1%，1989年为9.2%，1990年为8.3%。制造业成为经济增长的火车头，工业布局更趋合理，对外投资的步伐开始加快。

经过上述各个阶段的发展，新加坡经济不但实现了工业化，而且向高级化和科技化的方向发展。国内生产总值从1970年的50亿新元增加到1991年的690.76亿新元，人均GDP增加到20,030新元，居“亚洲四小龙”之首。据当年的经济调查数据指出，制造业、金融业和商业服务业已是新加坡经济的主要行业。

第六阶段：经济增长新阶段（20世纪90年代）

在这一阶段，新加坡经济发展模式由注重资本投入向高新技术引领转型。为了应对资源制约、工业成本增加的问题，更好地迎接国际市场的挑战，新加坡政府提出大力发展高新技术产业。一是加强科技基础建设，推动科学技术的发展。20世纪90年代，新加坡政府先后投入60亿新元实施国家技术发展计划，带动了一批科技型企业的发展，尤其是电子业，发展成为制造业的龙头，到2000年，其产值已占制造业的48%，电子产品出口占国内产品出口的55%，使新加坡成为全球重要的集成电路、芯片和磁盘驱动器的生产基地。二是实施产业集群发展计划，通过产业集群的竞争，形成产业集群内的核心竞争力。该计划实施后，西方五大石油公司加大在新加坡的投资，使新加坡成为世界第三大炼油中心，石化和工程公司得到了强有力的发展和壮大。三是提升制造业和服务业，使之成为经济发展的双引擎。制造业的兴旺促进了服务业的发展。在这一时期，新加坡的金融、交通、商业和酒店餐饮等服务业取得了快速发展，成为东南亚地区的金融中心、运输中心和国际贸易中心。7,000多家国际跨国公司在新加坡落户，其中许多公司将其地区总部设在新加坡。

进入90年代后，新加坡政府乘胜追击，制定了《经济策略计划书》，确定新的经济发展方向：以服务业为发展中心，加速经济国际化、自由化和高科技化，使新加坡成为亚洲地区贸易的门户；大力推行“区域化经济策略”，加速向海外投资，积极开拓世界各地的市场。新加坡、马来西亚和印尼三角区之间的经济联系从设想变为事实，从而有利于发展区域性企业和国际跨国公司的进一步投资；进一步发展制造业，引进新技术，追赶世界先进的技术水平。《经济策略计划书》确定了两步走的目标：第一步赶超瑞士，在1999年使新加坡人均GDP达到瑞士1984年的水平，即16,370新元，这个目标亦称为“1999年的理想”。第二步是在2030年赶上美国的人均GDP。事实上，新加坡在1995年就达到了第一目标。1997年7月，东南亚爆发金融危机，新加坡所受危机冲击最小、经济恢复最快，只经历了两个季度的经济衰退。这一时期新加坡的金融及商业服务业占GDP的比重由20%增加到26%。到1998年，科研人员和工程师达到1.27万人，增长了13%。高技术产品出口价值由1990年的240亿新元增加到1998年的620亿新元。1999年增长率为6.9%，2000年又高达10.3%。

第七阶段：以知识密集型为主的阶段（2000年至今）

在这一阶段，新加坡经济发展模式由工业化向信息化和人力资本化方向转型，同时面临着越来越多的挑战，过于依赖于电子制造业的经济体成为政府担心的主要问题。从90年代后期开始，在政府的倡导下，以信息产业为中心的知识密集型工业迅速发展。经济体系转向高科技创业、基础研发、生命科学、环境和水资源技术研发、数字媒体等多样化行业。新加坡政府提倡研究生命科学，开发具有自主知识产权的新产品和新技术，寻求新的经济增长点。为此，重组国家科技局，更名为科技研究局，设立全国科学奖学金，吸引年轻人从事科研工作。政府还投入巨资，建设新加坡科技研究中心“纬壹科技城”。目前，新加坡已成为区域信息科技枢纽，全球前100家信息科技公司已有69家在新加坡设立分公司，占据全球硬盘驱动器的80%和硬盘媒介40%的市场份额。生物科学产业历史虽短，2008年却已贡献了制造业的8%利润。正是因为未雨绸缪，新加坡虽经历了1998年亚洲金融危机、2003年非典疫情和2008年全球金融危机，仍然保持着良好的发展势头。由新加坡1999—2009年国内生产总值一览表（表2-1）可以发现，2004年GDP增速高达13.9%，2005年为9.6%，2006年为10.4%，2007年为15.6%，2008年为2.7%，2009年出现了负增长，总体上因为全球化而与世界经济形势保持同步的波动增长，但其自我恢复能力很强。如今，新加坡的经济结构已经优化，第一产业所占比重不到1%，制造业在25%～28%之间，服务业为70%左右，其中金融和商业服务业接近30%。

为了推行“区域化经济发展战略”，新加坡开始大力向海外投资。排名前五位的直接投资对象国分别为英属维尔京群岛、中国、马来西亚、印尼和文莱。至2006年底，新累计在华投资15,556项，实际投入300亿美元。两国间重要合作项目有苏州工业园、无锡工业园、上海三林城住宅开发项目和大连集装箱码头等。2006年新加坡共吸引制造业固定资产投资88亿新元，多集中在电子（48.9%）、化工（28.4%）、生物制药、交通和机械制造等行业，主要来自美（25%）、日（15%）、欧盟（26%）。

新加坡政府还确定了“产业21计划”目标，要将新加坡建设成为一个富有活力与稳定的知识性产业枢纽。该计划是确保新加坡的制造业、制造服务业与贸易性服务业等产业在21世纪仍占有优势地位。新加坡的发展蓝图是以知识为主导的制造业及贸易性服务业将占GDP的25%和15%；制造业每年创造1.5万个就业机会；知识与技术员工占2/3以上；服务业每年创造5000至1万个就业机会；知识与技术员工占3/4以上。

第四节 新加坡的主要产业群

一、航空业

新加坡不仅是亚洲的航空枢纽，而且已成为全球著名的航空枢纽。樟宜国际机场曾荣获250多个奖项，是全球公认的最佳机场之一。新加坡在飞机维护、修复和营运（MRO）、制造及研发（R&D）等领域中也是佼佼者。1990年以来，新加坡的航空业以年均12%的速度递增，使新加坡成为亚洲最

新加坡航空

全面的维护、修复和营运（MRO）中心。2009年，新加坡航空业产值达70亿新元，雇用了大约18,000名员工。新加坡有100多家国际公司从事维护、维修及大修（MRO）业务。新加坡拥有全面的MRO能力，包括机身维护、引擎翻新、部件修理、结构与航空电子系统维修，以及飞机改装。这些核心能力加上对质量和安全的承诺，使新加坡成为公认的能够满足航空公司保养及维修需求的一站式解决方案提供者。除MRO外，新加坡也是全球主要航空设计、代工制造（OEM）厂商和供应商的聚集地。这些企业之所以选择新加坡，是因为新加坡具有强大的工程能力、全面的知识产权制度、高效的劳动力队伍和有利的商业环境。新加坡具有显著的成本优势。在新加坡制造的航空产品包括引擎机壳、引擎齿轮、阀门、电力系统和飞机厨房设备。在以往的两年里，与航空航天产业相关的研发业务获得很大增长，而且其增长趋势不断加快。世界主要的航空企业都已在新加坡设立了研发中心，以充分利用新加坡本地研究机构与大学的优势。由于新加坡航空业非常发达，世界几大航空企业如波音（Boeing）、空中客车（Airbus）、巴西航空工业公司（Embraer）和通用电气公司（GE）等都在新加坡设立了他们的区域物流中心（RDC）。

二、化工业

自2006年以来，能源与石油化工业成为新加坡经济的支柱产业，是制造业总产值的最大贡献者。作为全球的主要石油化工中心之一，新加坡吸引了一大批世界级石油化工业大企业到新加坡设立分支机构。随着亚洲地区日益成为重要的石化产品销售市场，从长期来看，新加坡依然是各大企业在亚洲的战略性投资基地。裕廊岛是新加坡能源与石化产业的中心，目前有超过95家全球大型石油、石化和特种化工企业在该岛设有工厂。裕廊岛拥有“即插即用型”的基础设施，且产业链整合度高，是一个很有竞争力的化工重地，至今已吸引了300亿新元以上的投资。新加坡的目标是使其始终处于石化产业发展的最前沿。新加坡将重点进行基础设施的建设，以生产具有竞争力的石化原料，将先进原料及特种化工业产业价值链向上推移。

新加坡是海事及岸外工程、石油添加剂和润滑剂等领域的领跑者，利用此优势，新加坡将重点发展高附加值的特种化工业，从而使化工业得到进一步发展。从一般性产品到特种产品的这种转变，是支持如太阳能产业等其他高增长性产业的关键因素。新加坡正在大力投资于科技的研究与开发，从一个快速的科技成果转化国家变成一个首创技术与产品的理想国家。这些特征，加上新加坡在成功进行项目实施和有力保护知识产权方面的良好声誉，都会有力地吸引高附加值产业到新加坡落户。如Shell公司就正在其MEG工厂设立OMEGA科技。

三、洁净能源

面对全球气候变暖、能源枯竭、快速城市化等问题，人类对环保产品和解决方案的需求正日益提高，在占全球人口一半以上的亚洲地区尤为如此。因此，新加坡将洁净技术行业视为一个战略性的经济增长点。新加坡正在努力促进洁净技术行业的增长。政府已拨款6亿多新元，用于发展五个核心领域：研究与开发、提高劳动力素质、培育新加坡企业、国际推广以及创造具有活力的行业生态系统。新加坡也欢迎洁净技术企业将新加坡当作一个“生活实验室”（Living Lab），测试并示范新型解决方案，然后将它们输出到亚太地区。洁净能源是洁净技术行业的一个重要部分。基于新加坡地处热带、日照充足的独特地理优势，新加坡将洁净能源发展的重点放在太阳能上，相关资源也会投入到燃料电池、天然燃料资源、风能、潮汐能、能源效率和碳业务。

四、消费品行业

新加坡立志成为亚洲的生活时尚实验室。许多世界著名消费品公司利用新加坡卓越的研发能力和对本区域消费者的全面认知，为新兴的亚洲市场进行设计、开发和测试新产品和新概念。新加坡经济发展局（EDB）支持的消费品行业涵盖快速消费品（FMCG）（包括食品、营养品、饮料公司）和食品服务（包括快餐店公司）。此外，为消费品行业服务的专用配料和香精及香料公司，也在EDB重点扶持之列。

五、电子业

经过40多年的发展，新加坡的电子产业已经奠定了坚实的基础，成为新加坡经济的支柱行业。2009年，电子产业是支撑新加坡经济增长的主要推动因素，其产值约为639亿新元，从业人员达7.6万多名。2009年制造业固定资产投资（FAI）中，电子产业投资承诺为49亿新元，或占制造业固定资产投资总额的

41.5%，预计将创造4,000多个工作岗位。

六、能源业

新加坡能源业在亚洲能源市场处于前锋地位。石油工业已成为新加坡经济不可分割的一部分。多年来，炼油业已成为石油工业发展的催化剂，它为化工业发展提供必不可少的原料，从而使新加坡的化工业保持着强大的竞争力。今天，新加坡已成为亚洲无可争议的石油业枢纽，也是世界三大出口炼油中心之一。新加坡在积极探寻新的发展机会，实现能源工业的可持续性增长。新加坡目前将重点放在启动生物柴油生产和开发利用可再生能源的新技术方面。独特的地理优势、卓越的存储基础设施和一流金融机构，对于加强新加坡在炼油、贸易及物流方面的领先地位，起着至关重要的作用。2007年11月，新加坡政府推出了题为“发展能源，促进成长”的全国能源政策报告，报告阐述了新加坡未来能源政策的基调，即在经济效益、能源保障、环境可持续性及产业发展4个政策性目标中求取平衡，确保能源供应稳定及充足。

七、工程业

亚洲和中东地区的高速经济增长，带动了对能源、精加工产品、石油化工产品和大众消费品的市场需求。此外，这些新兴市场经济国家的快速城市化，对建设基础设施的需求也在日益增加。这就加大了对加工业和基础设施进行新投资的需要，因而促进了工程承包服务业的发展与增长。鉴于全球日益注重可持续性发展的重要性，新加坡目前所面临的巨大挑战是如何针对城市环境和传统加工业开发高效率提出可持续发展方案。由于新加坡不断加强自身的能力建设并发展前瞻技术，新加坡已做好准备成为全球领先的开发新工程解决方案的一站式中心。工程服务业具有极高的可输出性和可扩展性，并需要专业知识、工艺技术和人力资本投资。这恰好符合新加坡发展知识型经济的远景。同时，新加坡骨干产业集群的技术升级和发展，在很大程度上来自于工程服务业的健康发展。

八、环境及水务业

环境污染和缺乏洁净水是当今世界面临的最紧迫挑战，在拥有近30亿人口，且城市生活极度拥挤的亚洲，这个问题尤为严峻。然而，这也给新加坡的环境及水务业带来广阔机遇。经历了20世纪60年代的水配给时代，新加坡加大了对水管理和处理能力的相关研究，及相关技术开发的投资，并成功地将弱项转为强项。经过40多年的发展，新加坡建立起规模庞大且技术先进的环保产业，并建立了多元化的可持续性供水系统，即"国家四大水喉"——集水区的水源、进口食水、新生水和淡化海水。随着全球对水及环境问题的关注度提升，新加坡致力于发展成为该行业的领导者、发展研发基地，并提供水问题的解决方案。今后10年，新加坡的目标是为全球3%的水市场提供技术和产品。

九、医疗业

新加坡提供亚洲最优质的医疗保健系统，其医疗实践标准已跻身世界一流水平。新加坡10家医院和3家医疗中心已得到国际医院认证联合委员会的（JCI）认可。在2006年，新加坡一流的医疗保健设施吸引了超过40万名外国病患来新治疗。随着健康意识的提高、人均寿命的延长以及区域经济环境的改善，这种需求可能还会增加。新加坡医疗保健机构和众多医疗技术和制药公司之间合作密切，为企业提供了最佳平台，进军成长迅速的亚太医疗保健市场。

十、资讯科技业

新加坡的资讯科技（IT）业充分把握数码时代的新商机。作为IT行业的先驱，新加坡的网络支持度在世界经济论坛《全球资讯科技报告2009/2010》中名列全球第二位，并居亚洲第一。除了优良的基础设施外，完善的知识产权保护制度、良好的物流网络及对全球人才的吸引力，也是众多IT公司选择新加坡的重要因素。目前，已有超过80家国际IT软件和服务公司进驻新加坡。第二代互联网革命创造了新一代的网络应用软件，进而改变了商业和通讯模式。新加坡及时抓住了新二代网络革命的脉搏，以互联网为基础致力为全球市场提供服务。

十一、休闲与时尚业

新加坡立志成为充满活力的亚洲生活时尚实验室和亚洲未来都市的窗口。生活时尚及酒店业公司，可以利用新加坡优越的地理位置、基于对本地区消费者的全面认知以及卓越的知识产权保护制度，来为新兴的亚洲市场设计、开发和测试新产品和新概念。新加坡经济发展局（EDB）支持的生活时尚产业包括：时尚用品（时装首饰及鞋类等）、奢侈品牌及酒类；酒店业则包括酒店集团及其他旅游业相关公司。

十二、物流及供应链管理

随着燃料价格上涨，商业模式不断变化，及对可靠物流解决方案与日俱增的需求，全球物流业日趋复杂。此外，随着对亚洲业务的开展，跨国公司也在研究本区域复杂的物流网络。

新加坡占据战略性的地理位置，拥有世界一流的物流与供应链运作和管理技术，使新加坡有能力为企业的全球业务发展提供全面的服务配套。新加坡在世界银行2007年的报告中被评为世界一流的物流枢纽，排名在荷兰、德国以及亚洲主要经济体如日本、中国香港和中国内地之前。新加坡拥有世界级的基础设施及绝佳的全球连通性，各行业的领先企业和客户，以及物流与供应链管理的先进知识和理念。这些有利条件让新加坡成为一个生机勃勃的多模式联运中心，可为全球经济提供可靠的物流解决方案。

十三、海洋事务及离岸工程

新加坡的海事与岸外工程行业充满活力。新加坡地理位置得天独厚，处于世界主要海洋航道交汇处，因此新加坡一直是海事业中领先的船舶维修中心。近年来，由于海事工程行业的强劲需求，该产业获得了前所未有的繁荣与增长。新加坡除了船舶维修，在全球钻井平台建造、浮式生产储油船（FPSO）和船舶改装领域，也占有极大的市场份额，居于世界领先地位。新加坡海事与岸外工程行业的主要业务包括：船厂运营业务（船舶维修，海洋船舶和海岸工程）、船舶设计与工程、海事设备与服务。领导该产业的是新加坡本地两大造船集团：新加坡胜科海事集团（Semb Corp Marine Ltd.）和吉宝岸外与海事公司（KOM）。另外还有一大批中型船厂，可以建造和维修专用船舶。支持这些船厂的是一个相当大的服务产业链：提供分级服务、设计与工程、海事设备与服务，其中包括导航、通讯、推进装置和辅助设备，以及船籍社和紧急应变服务等。

十四、传媒业

互动与数码媒体（Interactive Digital Media）是新加坡经济中充满活力和快速发展的产业。新加坡经济发展局（简称EDB）旨在使新加坡成为互动与数码媒体之都，使新加坡出品的相关产品为全球服务。经济发展局对互动与数码媒体行业的定义，不仅仅局限于游戏和动画，而且还包括创造不同形式的数字内容，生产电子游戏、动画、视频特效等。不论是电视、电影、在线信息还是手机和音乐，其技术与内容的创造都在日趋融合，这些行业的关系日益复杂。新加坡积极参与这一充满活力的行业。新加坡经济发展局与其合作机构新加坡媒体发展局（MDA）以及新加坡资讯通信发展局（IDA）共同合作，将新加坡打造成为适合互动与数码媒体企业在整个行业价值链上全面发展的国家。新加坡是城市国家，是国际性大都会，融合了亚洲各国的文化和西方文化。新加坡还具有理想而卓越的电讯基础设施和先进的通讯网络。对知识产权的保护力度居于亚洲之首，这点对于必须创造、保护和利用其知识产权的企业而言，是个至关重要的优势。此外，每年都有数百名技能娴熟的IT和媒体专业毕业生加盟这一行业。新加坡经济发展局旨在通过这一整体方案，使新加坡成为发展互动与数码媒体产业的世界集散地；生成一个自我强化、互相扶持的企业生态系统，持续吸引人才、创意、资本和企业，进而在新加坡创造国际水平的优质产品和服务。

十五、医疗技术

对世界领先的医疗科技企业来说，新加坡是一个开发和生产供给亚洲及全球使用新产品的可信赖并深具竞争力的国家。

超过10家世界顶级的医疗技术企业选择在新加坡建立其亚太区域总部，其中包括：爱尔康、波士顿科学公司、爱德华生命科学公司、强生公司、罗氏诊断、西门子医疗系统和捷迈公司。很多全球医疗设备大公司在新加坡投资开展研发活动，其中包括：美国佛路戴姆公司（Fluidigm）和屹龙国际有限公司选择新加坡作为其亚洲首家研发中心所在地，分别研发在医院使用的仪器和电子系统。此外，德国恰根公司（Qiagen）与生物一号投资公司（Bio One）合作在新加坡设立了分子诊断研发中心；珀金埃尔默也在新加坡建立了研发中心，作为其在亚洲的研发基地。白克顿·迪金森公司（Becton Dickinson）和西门子医疗系统也在新加坡成立了拥有超过50名研究人员的合作研发中心。

十六、自然资源供给行业

新加坡成为自然资源枢纽的梦想正在成为现实。亚洲资源丰富，新加坡优越的地理位置使其成为世界级资源公司的首选之地。经济发展局的自然资源战略包括：水产养殖业、农业、金属和矿产品。新加坡正努力成为世界资源枢纽，在满足全球资源需求方面扮演重要角色，并不断开发新技术，以确保未来的持续发展。目前，越来越多的国际公司利用新加坡强大的商业基础设施、优越的地理位置及全面的国际协定网络，在新加坡设立区域总部，发展高附加值的制造业。研发活动是支撑该产业增长的主要核心。新加坡淡马锡生命科学研究院对分子生物学和遗传学进行前沿基础及战略性研究，应对全球农业和水产养殖业的庞大需求。此外，新加坡国立大学在2007年设立了矿物、金属和材料技术中心，这是首个致力于研发新材料、金属和矿物加工的机构。

十七、石化与天然气设备及服务

自从1891年石油贸易活动在新加坡起步以来，石油工业已成为新加坡经济不可分割的一部分。今天，新加坡已成为亚洲无可争议的石油业枢纽，也是世界三大出口炼油中心之一。新加坡政治稳定、商业基础设施良好、人力资源丰富、知识产权保护制度严谨，又与亚太各地区有着密切联系，此外，新加坡还是一个绝佳的供应链管理枢纽，政府也不断提升港口、机场和物流基础建设，巩固其优势，这些有利条件使新加坡发展成为世界领先的石油天然气中心。尽管全球经济增长速度放缓，世界能源需求仍未减弱。据估计，2006年至2030年，世界能源需求将增长71%，其中亚太和中东地区的需求增长最快。持续增长的需求对新加坡石油天然气行业来说是个利好消息。良好的地理位置、世界一流的港口设施，以及与亚太各地区的密切联系，使新加坡在支撑这股强劲的能源需求增长方面具有独特的优势。

十八、制药及生物科学业

高度国际化的新加坡拥有亚洲最好的生活质量，吸引了全球和区域人才前来新加坡谋求发展。10多家全球领先的制药和生物技术公司已在新加坡建立了区域总部，其中包括阿斯利康药剂公司（AstraZeneca）、拜耳（Bayer）、勃林格殷格翰制药公司（Boehringer Ingelheim）、百时美施贵宝（Bristol-Myers Squibb）、健赞公司（Genzyme）、葛兰素史克公司（Glaxo Smith Kline）、默克公司（Merck）、昆泰企业（Quintiles）、赛诺菲-安万特公司（Sanofi-Aventis）和先灵葆雅（Schering-Plough）。新加坡已发展成为亚洲增长最快的生物群组之一，与科研院所、企业实验室和公立医院建立了战略伙伴关系，共同开发用于区域和全球市场的新药物。此外，新加坡也已成为一个全球领先的创新医学生产基地。

十九、精密工程业

精密工程业是铸就新加坡综合制造业的骨干，是电子、海事、航空航天、石油及天然气，以及医疗器材等产业的核心推动产业。该产业具有极为专业化的技能，从制造最小半导体硅片、最尖端的医疗器具到石油勘探业所用的最大钻头，精密工程技术是必不可少的因素。新加坡的精密工程业优势，是新加坡在电冰箱压缩机（占全球产量的10%）和金线/金球焊接机（占全球产量的70%）等产品制造业中具有全球领先地位的主要因素。除了确保著名精密工程企业在新加坡设立制造基地之外，新加坡还成了其中一些企业的总部和研发部门的所在地。新加坡的精密工程业始于1970年代，为的是支持初创阶段的制造业投资项目。目前，新加坡的精密工程业包括了两个主要的亚行业：机械及系统的设计与组装、精密组件及部件的生产。机械及系统部门包括主要的机床和半导体设备制造商，如牧野机床、山崎马扎克公司、应用材料公司和科磊半导体设备技术公司；而精密组件及部件行业涉及的公司，从事广泛的制造服务（如工具及模具制造、铸造、塑胶/金属/陶瓷注模、超精密加工等），以及各种各样的专用部件，如轴承、电动机、真空泵及手表机芯。新加坡精密工程业已成为新加坡制造业的关键支柱产业，且是一个独立的产业，仅在2008年就贡献了大约223亿新元的制造业产值和67亿新元的附加价值。随着新加坡的企业从简单的合同制造商转变成具有强大的设计、原型样机制作、生产和供应链管理等能力的解决方案提供商，新加坡精密工程产业将会继续在全球保持竞争优势。市场对效率及创新的需求日益增长，从业公司可以利用新加坡完善的研发基础设施，获得高于对手的竞争优势。随着航空航天、医疗器具、电子、工业与海事及近海设备等行业的制造项目日益复杂，新加坡精密工程业获得了持续发展。为了实现2018年目标，新加坡将强化机械制造能力的基础（特别是在半导体和太阳能设备、翻新和组装领域），并将精密组件及部件产业发展成强大而多元化的支柱产业，以服务于医疗技术、航空航天及汽车等新兴部门。宏观条件正在促使新加坡精密工程业获得进一步的发展，新加坡的愿景是使新加坡跻身为最卓越的精密工程业制造中心之一。当全球企业想到精密工程业时，应把新加坡视为与德国、日本和瑞士并驾齐驱的一股力量。

二十、电信业

新加坡具有很广泛的国际联系，并拥有世界一流的电信网络。新加坡电信业已获良好整合，因此，资讯通信产品开发商、网络设备提供商、电信运营商、数据中心和应用软件开发商都乐于投资新加坡，都以此为发展基地。它们的业务范围从设立总部、研发、产业设计、供应链管理，到制造、测试及应用软件开发，不一而足。除了群组中的协同配合，设在新加坡的电信公司也可以借助新加坡世界级的人才、优良的基础设施及国际连通性，为全球市场开发和提供通信业务方案。

第五节　新加坡经济发展模式

新加坡是一个建国历史短，地少人稀，资源短缺的国家。

但在新加坡政府的领导下，充分发挥人的因素和地理优势，它取得了重大的经济建设成就，仅用40多年时间，即经历了由独立初期的劳动密集型工业，逐步过渡到具有高附加值的资本、技术密集型工业和高科技产业，进而发展到目前的信息产业等知识密集型经济，成为“亚洲四小龙”之一。

新加坡取得举世瞩目的经济发展得益于它的经济发展模式。新加坡的经济发展模式是在特定的国际经济环境和国内经济条件下，所推行的经济发展战略、经济结构的转换以及与之相适应的经济体制的综合产物。这一经济发展模式经历了一个渐进的历史过程，它与其政治制度和文化传统有着密切的关系。较之其他亚洲新兴工业化国家和地区，新加坡经济发展模式有其鲜明的特征。

（一）实施高度外向型的经济发展战略

新加坡是亚洲新兴工业化国家和地区中外向型经济发展程度最高的国家之一。战后，新加坡实行高度外向型经济发展战略是与其所处的特定的国内和国际经济条件密切相关的。新加坡是一个海岛型的城市国家，自然资源匮乏，国内市场狭小，发展经济的初始条件较差，所具优势仅是优越的地理位置和丰富的劳动资源。在这种条件下，依靠国内的投资推动和需求拉动的经济循环，无法形成经济增长的动力，因而必须把国内的经济循环扩展到国际市场上去。60年代世界资本主义经济迅速增长，国际分工和对外贸易突飞猛进，跨国公司得以空前发展，尤其是发达国家正经历战后第一次产业结构调整而将大量劳动密集型出口工业转移到发展中国家和地区。新加坡抓住这一有利的国际经济环境变化的机遇，积极推行外向型经济发展战略，将其经济纳入国际分工的体系。在参与国际分工的过程中，新加坡利用自身的比较优势，大力引进跨国公司的资本与技术，迅速提高出口竞争能力，从而使外向型的经济循环机制得以确立。

随着国内外经济形势的变化，新加坡又将其推行的外向型经济发展战略从广度和深度上加以扩展和提高，从而形成了高度外向型的经济发展模式。这种高度外向型的经济发展战略，加速了新加坡经济国际化的进程。

（二）建立以国际性和区域性经济中心为主体的外向型经济结构

由于推行高度外向型的经济发展战略，新加坡一直以建立和发展国际性和区域性经济中心来构筑其外向型经济结构。目前，新加坡已是世界重要的制造业基地、国际贸易中心、金融中心、航运中心、通讯中心和旅游中心。这在亚洲新兴工业化国家和地区中，仅有香港能与之媲美，但近年香港作为世界性制造业基地的地位已日趋下降，而韩国和中国台湾均未建成这种综合性的国际经济中心。

新加坡是世界上重要的制造业生产和出口基地，国内制成品的90%销往国外。它是世界上最大的电脑磁盘驱动器和硬盘的生产和出口国，也是世界重要的半导体生产和出口国，同时还是世界第三大炼油中心。目前，世界上最大的跨国银行均在新加坡设立了分支机构，新加坡已成为世界主要的离岸银行业、基金管理业和风险管理业中心。新加坡已从原先只是东南亚地区的转口贸易港和航运中心，发展成为国际性的重要港口和航运中心。1986年起，新加坡超过了鹿特丹而跃居为世界第一大港。目前，新加坡共有600多条航线通往世界800多个重要港口。1994年，以年过往船只吨位计，新加坡是世界最繁忙的港口，以集装箱运量计，则是世界第二大港。

此外，新加坡还是亚太地区的通讯中心和旅游中心。目前，新加坡已与全球各地建立了现代化的国际通讯网络。从1980年起，抵达新加坡的旅客已远超过本国的总人口数。

（三）实行以自由港为核心的市场经济与政府积极干预有机结合的经济体制

在亚洲新兴工业国家和地区中，新加坡与香港的经济发展模式最为相近。尽管它们都属于自由港的模式，但在经济体制方面迥然不同。新加坡政府对经济实行积极的干预政策，而港英当局则信奉“积极的不干预主义”。自19世纪初起，新加坡一直是近代英国资本主义在东方移植的自由港。新加坡取得自治和独立以后，政府仍继续推行自由港的经济政策，始终保持自由港的地位。即使在60年代初短暂的进口替代工业化时期，新加坡也仍十分注重维持自由港的地位。从自由港的经济地位出发，新加坡奉行自由贸易、自由企业和自由竞争的经济政策，允许商品、资本和劳动力的相对自由流动。新加坡作为一个自由港，在港内不实行贸易管制，对进出口货物除少数几种外一般不征税。允许资本的自由进出，全面放宽外汇管制，取消黄金交易限制，除极少数部门外，对外国资本的投资部门、持股比率、经营方式和利润汇出等均未加限制。允许劳动力相对自由流动，除对非熟练外籍工人适当限制外，鼓励和吸引外籍专业和技术人员的流入。

在以自由港为核心的市场经济基础上，新加坡政府实行了对经济的积极干预政策。独立以后，新加坡迅速建立起政府经济管理的机构体系和调控机制，政府注重选择宏观经济管理的目标与政策，运用国家产业政策，对经济活动进行宏观调控和积极干预。新加坡政府对经济的干预是卓有成效的，这应归因于自由市场经济与政府积极干预的有机结合。在经济发展的初始阶段，由于新加坡经济结构的畸形和市场机制的残缺，在动员和配置资源时不得不较多地依靠政府干预的形式。随着国内经济的迅速发展和市场机制的日趋成熟，新加坡政府干预的目标逐渐转化为为市场机制得以发挥正常作用创造有利条件。这时，新加坡政府的经济职能主要在于保证宏观经济的稳定和为企业创造竞争的环境。

（四）形成以外国跨国公司为主导的企业结构

新加坡的工业化主要依靠外国跨国公司的资本与技术，形成了以外国跨国公司为主导的企业结构。这与其他亚洲新兴工业化国家和地区不尽相同，韩国的企业结构以大企业集团为主导，而台湾和香港经济则以中小企业为主体。在新加坡，外国跨国公司和跨国银行在制造业和金融业两大部门中居主导地位。新加坡与其他亚洲新兴工业化国家和地区形成的不同企业结构，关键在于它们所推行的经济发展战略的重大差别。虽然“亚洲四小龙”的工业化都是从发展劳动密集型的轻纺工业起步，但是随后它们实施外向型经济发展战略的途径不同。新加坡从20世纪60年代中期起转向面向出口工业化发展，主要依靠引进外国跨国公司的资本与技术，建立起以炼油、电子电器和海事工业为主的工业体系。到80年代以后，也仍然通过外国跨国公司的技术转移来促进国内产业的升级。韩国由于经济发展起步较迟，当它大力发展出口轻纺工业品时，国际市场的竞争已相当激烈，因而韩国早在60年代末70年代初开始转向发展资本和技术密集型重化工业，并利用产业倾斜政策大力扶持大企业集团的发展。中国台湾从1973年起进入重化工业发展阶段，但其重化工业的发展主要依靠增加公营企业的投资来实现，随之与重化工业相关的民营中间产品工业和最终产品工业得以发展，从而形成了由公营企业控制上游部门，私营的大企业掌握中游部门以及众多中小企业遍及下游部门的企业结构体系。而香港由于当局奉行积极不干预主义，缺乏系统的产业政策，以至于到70年代中期经济步入转型期后，制造业企业大量外移，而产业升级相对滞后，使之一直保持着中小企业的主体结构。

战后，新加坡是发展中国家和地区推行外向型经济发展模式最为成功的国家之一。伴随着新加坡经济的持续高速发展，这一发展模式已愈益显现其活力和弹性。新加坡外向型经济发展模式的主要成效，体现为它推动了资源的有效利用，提高了本国经济的国际竞争力以及实现了经济高速增长与收入分配均等的发展目标。

第三章
社会文化

本章导读

☆一个国家的经济和文化是相互交融和相互依存的。经济快速发展，将对文化的发展起促进作用。文化水平的不断提高，也会对经济的发展起到积极的推动作用。本章将与读者分享一下关于新加坡丰富多彩的节日文化和饮食文化知识，让读者足不出户也可以尽览新加坡这一令人着迷的国度。新加坡独特的教育体制和作为文化传播工具和媒介的新闻机构对经济发展的影响举足轻重，因此，本章也将详谈这方面的内容；最后因其具有多民族共生共荣的特点，所以也存在着文化的冲突与矛盾，本章将为读者揭晓新加坡是怎么样通过其得体的礼仪规范使各民族和谐共处，繁荣发展的。

第一节 节日与美食

一、节日

新加坡有很多节日，而且还有一些专门的祭祀性节日。新加坡差不多每一个月里都有节日，这是新加坡节日跨度上的一个特点；很多东南亚国家的人都能在新加坡找到属于自己国家的节日，这是新加坡节日的又一个特点。

因为新加坡华人占大多数，所以中国人的节日在新加坡是最受重视的，从农历新年到思念亲人的中秋节，几乎都原汁原味，与中国国内如出一辙。其他如马来西亚、印度等国家的节日也都能在新加坡找到。

元旦：1月1日

元旦是公历新年，也是全球性的节日。新年前后，人们给亲朋好友寄送贺卡，表达对新年的祝福。新年里有社团组成的舞狮、舞龙队沿街表演。男女老幼穿着盛装，带上礼品走访亲友。

春节：农历正月初一

春节是农历新年。农历新年来临之际，牛车水沿街彩灯高悬，一派繁荣景象。这时，小摊贩们也开始出售各种传统节日礼品，如嫩柳、小橘树、梅花以及各种风味小吃，如肉干。随处可见大大小小的红灯笼，喜气洋洋的年画也贴上了大门，舞龙狮的锣鼓声震耳欲聋。

春节

大多数华人家里都贴一个红底金色的“福”字，寄托对幸福生活的向往。因“蝠”与“福”谐音，贺年片上也常常印着振翅飞翔的蝙蝠。除夕夜，华人家庭都会聚在一起吃顿团圆饭。孩子们为迎接新年到来，直到午夜才睡觉，并认为这样会延长他们的生命。大年初一，晚辈纷纷给长辈拜年祝贺，每个孩子都可以得到一个红包和代表好运的金橘。当天，扫帚统统都被收藏起来，不许扫地，以示吉祥，不然就会把好运气扫掉。

每年农历新年新加坡会举行春到河畔迎新年活动。开幕前，五颜六色的烟花将夜晚的天空装扮得绚丽多彩，还有文化演出和杂货市场，在杂货市场可买到各种美食和各式各样的商品。

复活节

复活节是基督教纪念耶稣复活的一个宗教节日。复活节有不少传统的庆祝活动，蛋是复活节最典型的象征。古时人们常把蛋视为多子多孙和复活的象征，因为它孕育着新的生命。后来基督教徒又赋予蛋以新的涵义，认为它是耶稣墓的象征，未来的生命就是从其中挣脱而出世。复活节人们常把蛋染成红色，代表耶稣受难时流的鲜血，同时也象征复活后的快乐。复活节的传统食品是肉食，主要有羊肉和火腿。

清明节：4月5日

清明节是华人祭祀祖先和逝者的节日。节日前要扫墓，节日期间祭祖，祈求祖先保佑。按照旧的习俗，扫墓时，人们要携带酒食果品、纸钱等物品到墓地，将食物供祭在亲人墓前，再将纸钱焚化，为坟墓培上新土，折几枝嫩绿的新枝插在坟上，然后叩头行礼祭拜，最后吃掉酒食回家。

食品节：4月17日

节日这一天，全国各地要热热闹闹地庆贺一番。节日前夕，大小食品厂显得异常忙碌，要赶制各种精美的食品供应节日市场。每家食品店都积极组织货源，尽力满足顾客的需要，节日前后是一年中食品销售最旺盛的时期。城镇市面上到处都是各种各样食品大减价的广告。人们竞相采购各种各样的特别食品，大街小巷熙熙攘攘，食品商店被挤得水泄不通。这期间，报纸上刊有食品商的大幅广告，广播里教人们怎样制作具有特殊风味的食品。人们见面，谈论的是食品的种类，议论的是食品的价格、包装以及质量等。食品节为新加坡吸引了大量海外游客，对旅游业也是一种促进。

在新加坡，食品节含有团聚的意思。因此，身在他乡异地的人们，总是在节日期间尽量赶回家，同家人一道过节。丰盛的食品晚餐是新加坡人食品节庆祝活动最主要的内容。富裕人家摆上数十种，甚至上百种各式美味食品，在一阵阵热闹的爆竹声中，全家人坐在一起聚餐。晚辈向长辈表示祝福，长辈向晚辈提出希望，大家依次品尝各种食品，热情的话语在客厅里回荡。节日期间，即使是家境贫寒的人家，也要尽力准备一些比平时丰盛得多的食品，全家人围坐在一起，边吃边谈，高高兴兴地度过节日之夜。

新加坡人还把食品节看成是友谊、幸福的象征。节日期间，人们要根据自己的经济情况购买味道鲜美、制作精细、装饰美观的食品拜访同行、看望朋友、慰问亲人，从而增进了解、加强友谊。一些平时闹了矛盾或纠纷的朋友常常借食品节的机会相互交谈，最后各自不计旧怨，和好如初。许多青年男女将举办婚典的日子选在食品节这一天，举行丰盛的食品晚餐，这样既为婚礼节省了开支，又为婚礼增加了热烈隆重的气氛。

卫塞节：农历四月十五日

卫塞节是佛祖释迦牟尼的诞辰、成道及涅槃纪念日。佛教徒在这一年一度的重要节日中举行盛大的庆典活动。

佛教徒在卫塞节中

端午节：农历五月初五

端午节是纪念中国古代伟大诗人屈原的节日。端午节时，华人们吃粽子，划龙舟。新加坡龙舟赛已经成为一项国际性的体育国际竞赛。

粽子

划龙舟

百鸟争鸣节：7月

养鸟是新加坡人盛行的消遣爱好。政府也鼓励人们饲养鸟禽，美化城市。在百鸟争鸣节，人们将自己养的各种鸟带到固定的地方比赛斗歌，叫得音色好、音量大，且活动能力强的鸟可获奖。人们带来普遍饲养的4种鸟类：夜莺、画眉、长尾鸟和相思雀进行比赛，按外观、音色、气量和活动力等标准评出优胜奖、安慰奖和幸运奖。

中元节：农历七月

中元节即鬼节。道教徒普遍相信，在农历七月，过世亲人的灵魂重返人间。信徒会举行仪式，以供品祭拜亡魂。祭拜仪式常与街头的歌台表演及慈善拍卖会同时举行。

国庆节：8月9日

新加坡的国庆日是纪念 1965年新加坡独立的日子。每年国庆节来临时，政府要发表国庆文告，表彰一批在各个行业的杰出人士，同时举行隆重的庆祝仪式。国庆庆典上，先由领导人讲话和致辞，然后检阅武装部队和群众游行队伍，最后是演出文艺节目，既有华人的舞龙舞狮，也有马来人的武术和印度人的舞蹈。这一天全国人民会聚在一起，用声势浩大壮观的游行、集体舞蹈和大型烟花表演来庆祝这一日子。

中秋节：农历八月十五日

中秋节是最美好的中国节日之一，华人在农历八月十五庆祝中秋节，人们赏月、吃月饼（以莲蓉为馅的甜糕）和水果、提灯笼。节日期间，当地的孩子们拿起传统的五颜六色的灯笼到处游玩，而各种各样的月饼是人们自己享用或送礼的节日食品。到了夜晚，裕华园就成为了节日焦点，因为这里通常有传统灯笼展和打灯谜的活动。

开斋节：9月

按伊斯兰教历法，每年9月是斋月，斋月的最后一天如果见到新月，第二天就是开斋节；如果未见到新月，则顺延一天为开斋节。

开斋节是伊斯兰教的节日。节前，穆斯林向穷人发放“开斋捐”。节日早上，清真寺被打扫得干干净净，有的还要悬挂“庆祝开斋节”的横幅和彩灯，张贴赞颂真主的对联。家家户户要打扫卫生，成年男子沐浴净身，小孩子也要把脸洗干净，男女老少都换上民族服装。开斋节期间，人们到清真寺参加会礼。

屠妖节：10月末11月初

屠妖节

屠妖节，又称为万灯节，是庆祝光明战胜黑暗、正义击败邪恶的节日。屠妖节亮灯仪式标志着庆祝活动的开始。节日期间，人们去寺庙做祷告，每个家庭会烹煮香气四溢的节日佳肴。新加坡小印度的大街小巷、大小庙宇都会升起幡带，点亮灯火，欢迎神仙与凡人。届时维达帕提雅卡拉曼兴都庙、维拉巴蒂拉卡拉曼兴都庙、斯里尼瓦沙柏鲁马兴都庙都会举行壮观的灯火展出，实龙岗路也将灯火通明，迎接屠妖节的到来。节日晚上，印度教徒以姜油涂抹全身，表示纯洁和清白。商人要在节前清理旧账，在屠妖节举行祷告仪式后另立新账。

宰牲节：12月10日

宰牲节也称哈芝节、古尔邦节。穆斯林在这一天举行会礼，宰牲献给真主，互相拜会馈赠，纪念先知伊卜拉欣对真主的忠诚。

圣诞节：12月25日

新加坡的圣诞节场面非常绚丽，在这个一年里最为抢眼的庆祝活动中，成千上万的彩灯将乌节路的主要商业区点缀得异彩纷呈。为了争得“最佳装饰建筑”荣誉，街道两旁的餐馆和商店都修饰一新。街头演唱诗歌以及其他特殊形式的慈善活动也增添了圣诞节日气氛。节日前人们用灯光和烛火装饰房间和圣诞树，寄送贺卡，向小孩和穷人赠送礼物。节日期间，家人尽量团聚，并走亲访友，互相馈赠。节日的宗教意义也没有被人忘记，教堂会在圣诞节前夕和圣诞节举办特别的活动来庆祝这一节日。圣诞节一般与公历新年连在一起庆贺。

圣诞节

二、 美食天堂

新加坡的美食以中国、马来、印度和娘惹风味菜肴为主。因为新加坡人主要是华人、马来人、印度尼西亚人和印度移民的后裔，所以他们现在吃的食物受到祖先的影响极大。但是这些习俗并非一成不变，随着时间的推移，它们逐渐演变成了现在的新加坡

新加坡美食

式饮食。多民族文化的融合也意味着各种文化之间相互影响、相互借鉴，他们的饮食文化也是如此。例如，新加坡的很多中国菜会加入红辣椒或其他香料，而这些菜原本的口味应该更清淡、更柔和；同样马来菜和印度菜也受到了中国菜的影响，他们的很多食物里面会加上面条。

主食

新加坡人的主食主要是米饭，面条是第二选择。新加坡人不管是在外面还是在家里吃饭，蒸米饭是他们的首选，搭配米饭的则是几种下饭的菜肴，如蔬菜、海鲜、肉类等。新加坡有一些以米饭为基础的盘子饭，例如炒米饭、鸡饭、烤肉饭、椰浆饭和黄姜饭。有的时候，这种菜饭中的米饭还会稍稍有些变化，例如鸡饭中的米饭混有香料并用班兰叶、黄油和鸡汤蒸煮过，因此略显油腻。椰浆饭中的米饭也以椰汁煮过，而黄姜饭则是把印度大米和香料放在一起煮，使米饭能呈现一种黄色。米饭也可以做成其他形式。马来人常做的就是大马饭团，将生米放在树叶中蒸熟。由于米饭熟后膨胀，整个饭团会显得鼓鼓的，这种饭团通常配开胃菜和香料，如与椰浆牛肉咖喱和沙爹酱一块吃。华人也常以米饭为主制作一些小吃，例如水粿就是将生米碾碎做成米糕配辛香蔬菜。肉粽则是以糯米为主要原料。

新加坡的面条是中式意大利面，面条也可以以多种形式烹调。鸡蛋小麦面条分两种，细一点的叫做面线，厚一点、扁平的叫做面薄。福建面，也叫做湿面，面条的颜色偏黄并非是加入鸡蛋的缘故，而是因为加入了碱。河粉是一种扁平的米粉。炸酱面是将米磨成粉制成的，但面条更长且呈圆形，形状上类似福建面条。这些面条加上其他作料后就能成为不同形式的小吃。华人能将面条做成馄饨面、炒牛河、鱼丸面，而马来人则将面条做成米暹（米粉下在甜酸肉汤中）和马来面汤（福建面下在鸡汤中）。印度人有马来炒面。

对印度人来说，面包也是一种主食。它们不是常见的那种三明治式面包，而是印度式面饼——搭配不同作料制成的生面团，以不同的方法揉制、烘烤而成。最流行的几种印度面饼包括：印度抛饼，又脆又薄的一种饼；烤饼，即筒状泥炉中烘烤的发酵薄饼；麦香烙饼，就是将小麦粉制成的薄饼放在煎锅上煎炸而成。

素食

新加坡有很多素食餐厅，有中式素食和印度素食。中式素食以油炸蔬菜为主，也有以豆腐为原料制作的仿肉食品。例如有些素食餐厅供应鹅肉、鱼肉或叉烧，尽管这些菜外表看起来与肉制品极其相似，其实它们都是由豆腐制成。有时候这些菜的味道也与真正的肉食品相差无几。印度素食以蔬菜、小扁豆、荷兰豆为原料。

蔬菜和水果

新加坡有很多热带绿叶蔬菜，大多数蔬菜在当地都有自己的名字。其中，有菜心、空心菜、豆苗和芥蓝。这些蔬菜既可以炒、煎，也可以放在汤里煮。西式蔬菜则有花椰菜、卷心菜、胡萝卜、卷心莴苣、土豆、秋葵菜、茄子和菠菜。这里的水果有红毛丹、番荔枝、莽吉柿、木菠萝、荔枝、龙眼、刺果番荔枝、杨桃、人参果、蒲桃和榴莲。

新加坡美食

三、新加坡最受欢迎的美食

中国风味

辣螃蟹

鸡饭：调味米饭（生米以班兰叶和人造黄油调味，再用鸡汤蒸熟）配上酱油焖、煮的鸡块或烤鸡。

馄饨面：面条配上叉烧（酱成红色的烤猪肉）和馄饨，馄饨可煮、可煎。

辣螃蟹：将螃蟹（通常为斯里兰卡品种）切开，加上各种辣椒拌炒。

炒河粉：将米粉与鸡蛋、蔬菜和肉以及黑酱油、甜面酱拌炒。

碎肉面：即面条拌老陈醋、食用油和猪肉。猪肉可以是多种形式，其中一种就是肉末。碎肉面也可以做成汤面。

萝卜糕：将米粉和白萝卜打碎，与鸡蛋、碎洋葱和腌萝卜共同煎熟。有些厨师会在萝卜糕上浇上酱油，使它呈现一种棕黄色。

马来风味

椰浆饭

椰浆饭：将米饭与椰汁同煮，然后拌上辣椒酱（由混合辣椒和其他作料调制而成）、香脆的凤尾鱼、花生、煎蛋卷、江鱼仔；有时候还配上鸡翅和烧烤海鲜酱（将鱼酱、辣椒和淀粉混合进行烧烤而成的辣酱）。

椰浆牛肉咖喱：将肉（通

常为牛肉）放在香料、椰浆和水中慢慢熬煮。

夹肉面包：这是当地人发明的一种吃法，将肉丁、鸡蛋和洋葱丝夹在法国棍子面包中，开口朝下放在锅上煎热。

印度风味

黄姜饭：印度香米与香料和肉同煮。

印度抛饼：一种薄似纱绸的饼配咖喱酱一起吃。

印度罗惹：油炸面饼（可加也可不加土豆等馅料）配花生酱。

咖喱鱼头：当地特产，将鱼头煮熟后浸在很浓的咖喱酱中。

第二节　教育与新闻出版

一、教育

教育体制。新加坡的教育体制由三种形式组成：公立教育、私立教育和政府补助教育。受教育程度分为学前教育、小学教育、中学教育和高等教育四个阶段。学前教育设立幼稚园和幼儿班，由人民协会和私人机构主办。小学实行免费教育。学龄儿童一般6岁入学，6年后参加由教育部主办的结业会考。1995年，全国共有198所小学。小学实行英语加民族母语的“双语制”。主要课程有语文、数学，还有音乐、美术与手工艺、卫生、体育、道德教育等。1996年，小学会考及格率为94.2%。中等教育分为初中、高中和大学预科（即初级学院）三个阶段，每个阶段的学习时期一般为两年。1995年新加坡共有145所中学、8所自主中学、6所自治中学、14所初级学院和

4所大学先修班。学生进入中学，前两年免费，从第三年开始收费。中学教育设置的课程有第一语文、第二语文、数学、文学、自然科学、历史、地理、公民、美术、音乐、体育、工艺、家政等。高等教育以公立高等学校为主，在政府的指导和统一管理下，承担为国家培养行政、经济、科技、教育以及各类急需的高级专门人才的任务。目前，高等学校由3所大学、4所理工学院和34所技术和商科培训学校组成。1996年，大专院校入学人数7万人。70%大学毕业生被私有企业和公司录用，30%服务于政府部门和法定机构。

新加坡的3所大学是新加坡国立大学、南洋理工大学和新加坡管理大学。4所理工学院是新加坡理工学院、义安理工学院、淡马锡理工学院和南洋理工学院。

新加坡国立大学（National University of Singapore，简称NUS，或“国大”），是新加坡历史最悠久且最负声望的大学，也是亚洲首屈一指的高等学府。新加坡国立大学始创于1905年，其前身可以追溯到1905年设立的英皇爱德华七世医学院和1927年设立的莱佛士学院。这两所学院于1949年合并为马来亚大学，并在1962年改名为新加坡大学。1980年8月，新加坡大学和1956年成立的南洋大学正式合并成立新加坡国立大学。目前拥有9所专业学院，7个研究生院，多个研究所和科研中心。共设学系50个，在校本科学生约19,000人，研究生7,000多人，教研人员3,000人。 新加坡国立大学目前拥有13个学科，可供至少22,000名本科和8,000名研究生学习。目前有13家国家级别、12家大学级别和超过60家院系级别的研究学院和研发中心。新加坡国立大学还向海外进军发展，分别与斯坦福大学、宾夕法尼亚大学、复旦大学合作，设立了三所海外分校。此外，还和超过10所中国著名重点大学建立了合作项目，其中包括北京大学、清华大学、浙江大学、南京大学等。

南洋理工大学校园

南洋理工大学（Nanyang Technological University，简称NTU，或“南大”），是一所享誉国际的高等教育学府，是国际商学院联合会AACSB International认证的大学。其前身是1982年成立的南洋理工学院。1991年，南洋理工学院进行重组，正式将国立教育学院纳入旗下，更名为南洋理工大学。南洋理工大学是一所科研密集型大学，凭借科学与工程领域的坚实基础与强大优势享誉国际。坐落在新加坡西部的南大校园“云南园”，是东南亚第一所中文大学——南洋大学的诞生地，光荣传承了南洋先辈倾资兴学及勇于拓荒的精神。南洋理工大学有4个大学院，这4个大学院由12个学院组成。由6个学院组成的工学院集中在科技的创新，并享誉国际。理学院在新加坡的生命科学及科学方面处于领先的地位。南洋商学院提供世界上最好的商业管理课程之一。文学院具有新加坡第一个艺术学院、人文与社会科学学院及黄金辉传播与信息学院。黄金辉传播与信息学院是亚洲最好的传播与信息学院之一。

新加坡管理大学（Singapore Management University，简称SMU，或“新大”），是民办官助的大学。它是20世纪90年代新建的大学，2000年9月正式开学。新大采用了美国常春藤大学式研讨会形式的教学方法，这是因为新大与美国两所顶尖商学院，即美国宾夕法尼亚大学（University of Pennsylvania）的沃顿商学院（Wharton School）及以信息科技教育与研究闻名于全球的卡内基·梅隆大学（Carnegie Mellon University）保持密切的合作关系。学院提供4项商业相关学科的全日制学位课程。其不断革新的跨学科课程包括了著名企业的学生实习计划，及全球57所大学协作的国际学生交流活动。

双语教育。英语是新加坡的第一语言，也是官方语言。新加坡政府根据本国国情，为了尊重各种族的历史，弘扬各种族的文化，推行了以英语为主、兼修母语的双语教育政策，即不仅要学好英语，还要学好母语。双语政策是新加坡教育的基石。学习和掌握英语，是为了了解现代社会知识、科学技术和专业技能；学好母语，则是为了了解本民族的历史、传统、道德和文化。新加坡规定从小学开始实行英语加母语的双语教育。到中学毕业时每个人至少要掌握两种语言。从小学到大学，英语都是必修课和教学用语。学生的英语考试必须及格，并达到规定的标准。20世纪70年代以来，母语学校迅速走向衰落，母语教育只能作为英语学校的教学课程的一部分而存在。新加坡实行的是三向分流的双语教学模式，即把双语教育运作过程与分流结合在一起的新加坡式的双语教学模式。其基本精神是把英语作为第一语言来教学，官方规定学生所操的华语、马来语和泰米尔语等这些母语，作为第二语言来教学（除10%最优秀的学生之外），即英语为教学语言，用于学习绝大部分课程，在学习其他课程中学习英语，而母语主要是语言教育课程，其目的在于理解民族文化价值，保持传统。三向分流模式是依据学生的学业水平，让学生在评价后分别进入三种课程学习的分流，因英语与母语的双语配比和要求不同而形成的一种模式。如小学阶段有三种双语课程分流，正式分流从小学四年级开始：1. EM1——学生修读的英文和母语都作为第一语言（第一语言流）；2. EM2——英文为第一语言，母语为第二语言（第二语言流）；3. EM3——英文为第一语言，母语主要是听说会话（第三语言流）。学生小学毕业根据成绩进入中学后，又进入三种双语课分流进行学习：1. 特选双语课程，会考优秀的10%的学生兼修两种语言（均为第一语言水准）；2. 快捷双语课程，会考较优的30%的学生兼修两种语言（英文为第一，母语为第二语言水准）；3. 普通双语课程，会考后余下的40%的学生，兼修两种语言（其中母语水准又降一等要求）。中学之后的大学主要用全英语讲授。第二语言主要在中小学完成，在中小学完成双语教学任务，并且严重偏向英语，所以学界也称这种模式是一种不平衡的双语教学模式，但它的三向分流和双语课程分类教学却有其特色。

精英教育。为使教育效益最大化，新加坡实行精英教育制度，学生从小学读到大学要经过四次分流：

小学分为基础阶段和定向阶段。一至四年级为基础阶段，学习英语、母语、艺术、音乐和劳作。小学四年级分流一次，根据成绩把学生分成好、中、差三类，分别上不同的班。五至六年级为定向阶段。四年级学习成绩及格者进入普通双语班，修读双语和其他课程，再用两年完成小学教育。四年级成绩不及格但前三年级良好的学生进入延长双语班，修读双语和其他课程，但需要再学四年才能参加毕业会考。四年级成绩不及格且前三年成绩不佳的学生则进入单语班，只修读一种语文，经过四年定向阶段学习后，不升入中学，直接参加职业训练局举办的职业培训班。小学六年级毕业会考，再分流一次，优秀学生进入特选班，较好的进入快捷班，较差的进入普通班。除必修课程不同外，双语教育也有不同的要求。特别班学生占总数的10%，英语与母语并重学习。快捷班学生占40%～50%，以学英语为先，同时学母语。普通班学生也占40%～50%，学英语为主，学母语的要求较低。3种班别的学生可以根据每年的学习成绩进行调整。特别班、快捷班四年学满及格后颁发证书，为快班。普通班则经过普通考试，及格后再学一年，然后才获得证书，为慢班。大学预科阶段也进行分流。中四或中五时学生参加“剑桥普通水准”（O水准）会考，成绩优异的学生进入两年制的初级学院，其余则进入三年制的大学预科班，毕业后才获得高中水平证书。这时学生又面临一次分流，高中毕业时参加“剑桥高级水准”（A水准）会考，成绩优异者升入大学，其余则进入工业学院和职高，而有10%的学生将直接进入社会就业，一般是在小贩中心等服务行业。在大学中，还有单独设高才班，高才班的学生仅占学生总数的0.5%～1%。经过四次分流，最后能升入大学的都是学生中的尖子生。对中学阶段表现特别突出的学生，国家发给奖学金，并送到哈佛、剑桥等世界名校深造，回国后作为政治领袖人才培养。

职业教育。新加坡政府重视发展职业教育，培养掌握高工艺的技术人员和管理人员。1960年，新加坡政府成立成人教育促进局，着重对离校的中小学和其他成人进行职业培训。1968年成立工艺教育局（1973年改名为工业训练局），专门为青年提供就业前的职业培训。1979年两局合并为工业与职业训练局，统一安排资金和人员，对青年和职工进行职业教育，为经济建设培训技术人才。贸工部下属的生产力促进局还举办“快速迈进”课程，学员可根据自己的专业知识水平选课听课。没有机会接受大学教育的人，都可以接受职业技术培训，以提高文化水平和劳动素质。国家还大力培养本国师资和聘请外国专家来讲课，或与跨国公司和先进国家合办技术培训中心，对员工进行“延续教育”，不断培养各部门所需的高级技术人才。由于劳动者在就业前后都受过较好的技术和职业培训，所以新加坡的劳动者以高素质而受到欢迎。这是新加坡能够吸引大量外国投资的一个重要原因。

二、新闻出版

（一）报纸

新加坡的报纸每日以英文、中文、马来文及泰米尔文发行。新加坡最早的华文日报是1881年12月创刊的《叻报》，1932年3月停刊。1906—1948年间有《南洋总汇报》。最早的英文报是1924年元旦创办的《新加坡纪年报》，1926年由双周刊改为周刊，驻扎官克劳福经常向该报投稿，1937年停刊。1935年出版的英文周报《新加坡自由西报》，1937年改出日报，1942年日军入侵后停刊。目前，新加坡中文报有《联合早报》[①]《联合晚报》《新明日报》[②]《我报》[③]；英文报有《海峡时报》[④]《商业时报》[⑤]《今日报》；马来文报有《每日新闻》；泰米尔文报有《泰米尔日报》。《联合早报》是由二战前已存在的两大华文报纸，即1923年创刊的《南洋商报》和1929年

①《联合早报》网址：http://www.zaobao.com。

②《新明日报》网址：http://www.sph.com.sg。

③《我报》网址：http://www.mypaper.sg。

④《海峡时报》网址：http://www.straistimes.com。

⑤《商业时报》网址：http://www.asiaone.com。

创刊的《星洲日报》于1983年合并而来，合并后共同出版《南洋·星洲联合早报》，简称《联合早报》，是东南亚地区最大的华文报刊。《联合早报》日发行量约为20万份，除在新加坡发行之外，也在中国大陆、香港和文莱等地少量发行，是唯一获准在中国大陆大城市发行的海外华文报纸。《联合早报》被公认是一份素质高、负责任、报道客观、言论公正、可信度高的报纸，对中国的发展采取积极的态度，在华人世界中享有较高的信誉。《联合早报》现已在中国的北京与上海发行，读者可通过该报的中国代理订阅，或在指定的五星级酒店及大商场购买。《联合晚报》是《联合早报》的晚报版，偏重娱乐性。《海峡时报》是新加坡英语旗舰日报，是新加坡唯一的英文4开早报，创刊于1845年7月15日，初为周报，1858年改为日报。通常采用国际上较大的几家通讯社的消息。《海峡时报》以高质量的新闻、深度分析、有影响的评论以及突发新闻报道引领读者了解新加坡国内、本地区以及世界范围内所发生的新闻事件。对国内外大事除发表评论外，还刊登本报记者的专题报道。每天出40版左右，辟有“东盟地区”、“长堤彼岸（指马来西亚）”等专栏或专版。它的报道涵盖了国际、东亚、东南亚、新加坡、体育、金融、生活等多个版块，这也使它成为了新加坡国内受众最广泛的报纸。

新加坡所有的报纸都是由各报纸的股份有限公司出版和经营，一般均反映政府的观点。政府为监督主导媒体及活动于1974年通过了审查报纸法案。新加坡报纸统属于1984年8月成立的新加坡报业控股公司管理。报业控股公司的最高领导机构是董事会，董事的任命需经政府批准。各报总编辑由董事会任命，同时也须经过政府批准。报业控股公司控制了全国报业的大部分股票，私人股东持股不得超过3%，外国人不得参股。

（二）广播电视

新加坡广播电台于1936年开播。新加坡4家广播机构以马来语、英语、华语、泰米尔语广播。新传媒电台经营14个免费广播频道，战备军协（SAFRA）和联盟传讯（Unionworks）各经营4家免费的中、英频道，私营的丽的呼声电台则提供11个以数码广播的付费广播频道。

新加坡电视台于1963年开播，1974年开始播送彩色电视节目。新传媒电视（MediaCorp）拥有并经营7个频道，两个播送中文节目（U频道、8频道），3个播映英文节目（5频道、Okto、亚洲新闻台），还有两个主要为马来和印度族服务（Suria、Vansantham），星和视界（付费电视）提供120个左右的有线电视频道至于网上宽频电视服务，新电信属下MioTV，提供了30个左右的电视频道。

新加坡广播和电视事业由新加坡广播局统一管理，下设广播节目部和电视节目部，没有台一级的建制。这种集中管理的体制，有利于广播电视在报道中贯彻政府意图。广播电视界从业人士薪酬待遇优厚，但必须严格遵守纪律和道德方面的许多约束。

第三节　璀璨而独特的社会文化

一、语言文化

新加坡是一个多民族、多语言、多人种组成的复合性国家。其中华人占76%，马来人占15%，印度人占6.5%，欧亚混血人和其他人种占2.5%。新加坡民族如此众多，所以语言也多种多样。新加坡宪法规定英语、华语、马来语和泰米尔语同为官方语言。国会议员在国会发言时，可任选其中的一种语言。在教学、商业、出版、公务等方面使用各民族语言文字都是合法的。由于历史上与马来西亚的传统联系，马来语被宣布为国语。但马来语不是所有新加坡人必修的语言。英语被列为行政语言，成为各民族共通的语言，并且说英语被认为是一种时髦。英语也是商业界的官方语言，大部分新加坡人尤其是年轻的一代均能用流利的英语交谈。此外，新加坡人大多通晓本民族的母语。从1984年起，政府规定所有学校都要逐步过渡到以英语为第一教学语言，各民族语言作为第二教学语言，以加强各民族的融合，提高全社会办事效率。新加坡华人的九大方言是闽南话、潮州话、广州话、海南话、客家话、福州话、兴化话、上海话和福清话。由于新加坡华人占多数，对于香港游客和福建、广东游客来说，可能只需用闽南语和粤语就能游遍新加坡。

为加强华人之间的交流和团结，从70年代开始，新加坡政府提倡有中国血统的人讲普通话，并制定几项措施在学校、电台、商店和公交车中推广：（1）政府官员在公开场合对华人讲话必须用普通话；（2）华人小学生要起中文名字；（3）新建筑物除了有英文名称外还必须有中文名称；（4）采用中国的简体字。在新加坡的超级市场、摊贩、购物中心、公交车上或一些政府机构里随处可见一张张标语牌，上面用中英文写着："讲华语，是福气，别失去！"这是新加坡文化部门的宣传手段，它标志着新加坡政府推广华语的决心。1979年8月7日，李光耀在电视讲话中强调，华人家庭成员之间交谈时要用华语，华族公务员与华人公众交谈时必须使用华语。华族汽车司机和售票员必须经华语考试合格才能上岗，市场小贩要能用华语与华族客人交谈，否则要参加补习班学习。为配合推广华语活动，有关部门尽量增加广播、电视的华语节目时间，减少方言时间，用方言播出的节目先翻译成华语，举办华语电视讲座，制作华语会话录音带，编写华语学习教材。新加坡政府还有一个专门规范华语标准的华语委员会，把一些词汇规范化，刊登在华文报章上，并且使用汉语拼音为汉字注音。

2000年4月，新加坡社会开展“讲正确英语运动”，提倡国人少讲混杂式的新加坡英语，多讲正确英语。在10～15年内提高英语水平，以适应新加坡成为国际大都市的需要。在此期间主办了多项有趣的活动，包括短剧、相声、讲故事比赛、益智问答赛、研讨会、语言课程等。

二、 多元民族文化

新加坡是个多元民族社会，文化多姿多彩，具有各民族不同的特色。开埠之前，就有华人在新加坡岛从事种植业，现在，华人占新加坡人口的76%。中华文化在这里深深扎根，传延续承，发扬光大。儒家思想，团结互助精神，中国工艺品、瓷器、丝绸、雕刻、饮食、中医药、武术等，在新加坡的文化中都得到充分体现。中国文化中的伦理道德观，有力地促进了新加坡经济的发展。

马来人文化体现在其宗教思想下，伊斯兰教对马来人的团结和安定起着重要的维系作用。马来人的手工艺品非常有名，充分展现了他们的聪明和灵巧。马来人是热爱舞蹈的民族，他们的舞蹈多种多样，有木杆舞、遮阳舞、恋爱舞、婚礼舞、椰果丰收舞等。

印度人的文学、艺术、舞蹈等，都有浓郁的宗教色彩。他们生活简朴，但寺庙建筑精美考究，尤其是雕刻艺术更是精湛无比。

欧洲人把天主教、基督教和各种西方思想传入新加坡，还带来了先进的生产设备、教育、行政和司法制度，推动了新加坡科学与文明的发展。

新加坡政府推行民族平等和民族团结政策，促进各民族的相互了解与和睦相处，提倡国家意识和新加坡人观念。在各民族固有文化的基础上，形成了一种新的、多元的新加坡文化。新加坡政府注意保存和发扬民族文化，每年举行各民族文化节，如华族文化节、马来文化节、印度文化节、文化遗产节等。尤其是每逢华人最大的传统节日春节，都要举行大型的“春到河畔迎新年”庆贺活动，为节日增添了特别热烈的气氛，同时借此弘扬中华文化。新加坡实行开放政策，强调东西文化的融合，充分吸收西方文明的长处，使之与新加坡的实际相结合，但不盲目照搬西方文化，注意在现代化进程中保持自我。

新加坡处处都有东方民族风格的街道和庙宇，其中比较有名的有唐人街、小印度和阿拉伯街。新加坡的唐人街位于新桥路、南桥路、铁匠街、庙街、北运河路一带。在一个世纪以前，河水暴涨，淹没了邻近的大街小巷，居民们将水以牛车载走，所以这里又称“牛车水”；又因广东人居多，也称“小广东”。1822年这里被划为华人聚居地，是许多外国游客眼中的唐人街，逐渐发展成为新加坡最早的商业区。当然，这个很有华人特色的地方就是早年中国先贤南来落脚的地方。20世纪70年代以来，这里经过不断改造，范围得到扩大，成为新加坡的文化保护区。唐人街有华人开设的各种商店，出售书画、中药、瓷器、玉器、纸扇、餐具和野味等，同时也有现代的购物中心，是游览、购物和品尝美食的好去处。

小印度指的就是印度的缩影。之所以称其为“小印度”，主要是因为它坐落在新加坡中南部的实龙岗路，是19世纪后期随着南印度和孟加拉的移民迅速增多而发展起来的，是许多印度人聚集的地方。进入小印度，一股浓烈的辣椒气味就会扑面而来，人们可以品尝香味浓烈、味美可口的南印度食品。各种商店里陈列着印度风格的银器、铜器、玉器、具有民族特色的珠宝、茉莉花环、丝制纱丽、丝绸、香料等。商店门口都挂着干芝果叶，以象征如意。无论在庞大的竹脚中心，还是在小杂货铺中，各种有趣的东西等着您去探索。这里有许多印度音乐、印度电影录像带出租店。在屠妖节，小印度装点成金碧辉煌的神话世界，到处是前来购物的人们。

阿拉伯街位于桥北路和海滩路之间，是来自阿拉伯、印尼、马来西亚、印度的新加坡伊斯兰教徒的集中地，有浓厚的阿拉伯风格。商店出售的也多是阿拉伯国家的产品，如祈祷时用的地毯、可兰经、蜡染花布、天鹅绒、纱笼布、服装、木雕、椰枣等。

三、风俗礼仪

服饰礼仪。新加坡不同民族的人在穿着上有自己的特点。马来男子头戴一顶叫“宋谷”的无边帽，上身穿一种无领，袖子宽大的衣服，下身穿长及足踝的纱笼；女子上衣宽大如袍，下穿纱笼。印度男子传统的服装是白袍，腰间扎一根白带；女子则穿裙子，披纱丽。华人妇女多爱穿旗袍。因为长期受西方文化的影响，所以不论哪个民族，一般都喜欢穿西服。但穿西服过于严肃，因而近几十年来，穿夹克衫和牛仔装的也很普遍。妇女喜欢穿裙子，尤其年轻姑娘所穿的裙子的颜色特别鲜艳，洁白的上衣罩在薄薄的裙子上，显得轻盈飘逸，落落大方。老年妇女穿的裙子一般素淡庄重。学生上学穿校服，男学生穿白衬衫黑裤子，女学生穿白衬衫红裙子。男律师出庭时穿长袖衫和黑长裤，女律师穿白长衫和黑裙子。政府部门对其职员的穿着要求较严格，在工作时间不准穿奇装异服。

仪态礼仪。新加坡人举止文明，处处体现着对他人的尊重。他们坐着时，端正规矩，不将双脚分开，如果交叉双脚，只是把一只腿的膝盖直接叠在另一只腿的膝盖上。他们站立时，体态端正，而不把双手放在臀部，因为那是发怒的表现。

见面礼仪。在社交场合，新加坡人与客人相见时，一般都是相互握手。熟人见面也可以点头致意。男女之间可以握手，但对男子来说，比较恰当的方式是等妇女先伸出手来，再行握手。马来人则是按伊斯兰教的习俗，双手合在一起，互相手面手背轻拍几下，然后把手贴住额角或嘴唇。印度人见面一般是双手合十致意。

称呼方面，对男性可称先生。如果对方年龄较大，则年轻者应称年长者老先生或某老。对女性可称呼小姐，对年长的女性可称女士。如果知道对方的职务，可直接称呼某经理、某总经理、某董事长等。

在介绍时，应先把年轻者介绍给年长者，把男性介绍给女性，把次要人物介绍给主要人物。最好要把被介绍人的身份介绍清楚。不要把新客人介绍给正要离开的人。不要因为介绍客人，而打断别人的谈话。

谈话礼仪。同人谈话时，一定要认真倾听，目视对方，以示尊重；不要东张西望，更不要随意打断对方说话。不明白的地方可以提问，但不要随便顶撞。如果不同意对方的看法，不要当众提出，最好私下讨论。在新加坡，谈话时双手贴臀部，是表示你在发怒的姿势，除非你真在发怒，否则千万注意不要把双手贴在臀部。

宴请和聚会礼仪。新加坡人招待客人，一般是请吃午餐或晚餐。如果赴宴，可以带一束鲜花或一盒巧克力作为礼物。客人的言谈举止应稳重有礼。如果在主人家做客，吃饭时应主动帮助收拾和清洗餐具。与马来人、印度人一起吃饭时，注意不要用左手。

喜丧礼仪。在新加坡人眼中，男婚女嫁是件大事，不论华人还是马来人都很重视。马来人的婚事要经过求亲，送订婚礼物，订立婚约等程序。新加坡的华人讲求孝道，如有老人行将去世，其子孙必须回家中守在床前。丧礼一般都很隆重。

旅游礼仪。新加坡公共交通事业较为发达，在旅游期间坐公车十分方便，每个车站都标有明显记号。旅游坐车要有礼貌，让老人、小孩、妇女和残疾人先上车就座。下车时，让身边的人先下，主动帮助老人、小孩、妇女和残疾人下车。拍照时要谦让，不要争抢，尊重旅游景点的工作人员和宗教人士。新加坡是个多民族的国家，商店的分布也有民族特点。如东部地区有个“马来市场”，主要出售马来服装食品。新加坡政府极力阻止付小费，即便是对服务员的额外服务付小费，对方也有可能拒收。

商务礼仪。到新加坡从事商务活动的最佳月份是3月到10月，以避开圣诞节及华人的新年。当地工商界人士多讲英语，见面时要交换名片，名片可以用英文印刷。在会谈中尽可能不要吸烟。 新加坡人不喜欢挥霍浪费，宴请对方不要过于讲排场，尤其是在商务活动中，答谢宴会不宜超过主人宴请的水平，以免对方产生其他想法。

四、 主要禁忌

行为举止的禁忌。新加坡受西方文化的影响较深，与人交往时，尽量不要询问和谈论个人性格、配偶情况、宗教信仰等，因为这些都属于个人隐私。新加坡有自己的政治社会特色，所以也不要议论当地的政治或民族、宗教方面的问题。

与人交往时，尽量把双脚平放在地板上，因为露出脚心或鞋底被认为是不礼貌的。不要用脚接触物品，以防弄脏东西。如果双腿交叉，要把一条腿的膝盖直接叠在另一条腿的膝盖上，切忌在长者面前交叉双腿。应邀到新加坡人家中做客，一般进门前应该脱鞋。

新加坡人不喜欢听“恭喜发财”的祝辞，因为他们所理解的“发财”是发“不义之财”。像东南亚大多数国家一样，新加坡人视头部为心灵所在，头被人触摸即被视为受到侮辱。千万不要摸别人的头尤其是小孩的头以示亲热和善意。在公共场合，不要拥抱或亲吻。

新加坡人喜欢红、绿、蓝三色，认为紫色、黑色不吉利，忌讳黑、白、黄三色。数字上禁忌4、7、8、13、37、69。新加坡人喜好红双喜、大象、蝙蝠的图案。

新加坡人衣着整洁，不喜欢蓄胡子，讨厌男子留长发。在公共场所或政府办事机构常有“长发男子不受欢迎”的提示牌。对“嬉皮士”男性管制严格，嬉皮士打扮的男士会被禁止入境。

新加坡是多民族国家。马来人多信奉伊斯兰教，不养猪，不吃猪肉；只吃食草类动物，如牛羊肉；以右手为尊。印度人则视牛为圣物，不杀牛，不吃牛肉，而吃羊肉和猪肉；进门要脱鞋；社交活动和饮食只用左手。因此应该注意不同民族的区别，尊重不同民族的生活习俗。

新加坡治理环境的一个重要而有效的措施是重罚。久而久之，人们已经养成了注意公共卫生、保护环境的良好习惯。在新加坡生活或旅游，不要在公共场所和或公共交通车辆内吸烟、吃东西或携带易燃品。在地铁车站和车厢内吸烟，罚款1,000新元；吃东西，罚款500新元；携带易燃品或汽油，罚款5,000新元。不要乱扔废物，不要随地吐痰，不要乱停车辆。上公厕别忘冲水，过马路别闯红灯，否则最少罚款150新元，多则罚款1,000新元，再犯还会加倍处罚。

除家庭经营的小型饭馆外，新加坡餐馆在结账时须加上10%的服务费，不用另付小费。出租车的管理非常具体，严格按里程收费，对超载、运行李、夜间行车、电话预约等的加费，都有详细的规定，不用另给司机小费。对司机违反交通规定执行计分制度，两年内如果超过24分，交通警署就会吊销司机驾照。

在新加坡，任何人开枪打人，不论是否造成伤亡，一律处以死刑。杀人、贩卖毒品，则处以绞刑。

宗教活动中的禁忌。清真寺是穆斯林进行宗教活动的场所，非常神圣。非穆斯林若要进入，必须先征得同意，并由穆斯林陪同。进入时须脱鞋，并从右门进入。新加坡注意维护宗教的严肃性，尊重各宗教的创始人，反对使用如来佛的形态和侧面像，禁止在商业活动中使用宗教名词或象征性标志。

第四章

政策法规

本章导读

☆一个国家良好的经济发展以及传统文化的宣扬和继承离不开国内良好的社会秩序，离不开保障这一良好秩序的法律体系。在新加坡，法律拥有至高无上的地位，人们普遍具有强烈的法律意识和遵纪守法的习惯。本章向读者讲述的是新加坡法律的渊源及其体系特征，同时还介绍其根本大法——宪法的相关内容，从中可以了解到为何新加坡的法律体系可以如此稳固严明，社会治安可以如此良好有序；除此之外，新加坡还十分重视公民的法律教育，并有相关的法律职业一同为社会的治安出力；对涉外法案的处理也深得人心，新加坡的国际仲裁有效地维护了国内的经济秩序，成为法律业界不可不提的范例。

第一节 新加坡法律的渊源

很多人提到新加坡时总是提及它的法治。实际上，新加坡原来是个典型的东方式的人情社会。在国民的意识中，“情”和“理”往往是大于“法”的。为了给经济发展创造良好的软环境，新加坡人民行动党政府大力推进国家的法制建设。经过不断的努力，新加坡现在已经转变成为一个法治社会。在这里，法律拥有至高无上的地位，人们普遍具有强烈的法律意识和遵纪守法的习惯。

新加坡的立国时间较短。自1819年英国人莱佛士登陆起，新加坡沦为英国的殖民地，它受英国统治100多年。由于长达一个多世纪的殖民统治，新加坡没有自己的法律，其法律制度基本沿袭英国的普通法系。1965年新加坡独立后，一开始就十分注重共和国宪法的制定和修改，仅1984—1994年10年间就对宪法进行8次修改，使宪法更具本国特色，更具法律威力，并使共和国宪法、国会法规与法律条例、司法判例、法律惯例形成一个完整的法律体系，编成一张威力无比的恢恢法网。新加坡共和国宪法作为国家的根本法，具有最高的法律效力，是制定其他法律的依据。正是得益于如此完备的法律制度，新加坡才有了井然有序和幽雅洁净的政治社会生活环境。

现代新加坡法律包括宪法、法令、法规和附属法规。新加坡的法律渊源主要有新加坡共和国宪法；被接纳的英国法令；新加坡国会制定的法令，即成文法或称制定法；新加坡法庭的判例，即法官造法；有关部长根据法令拟定的辅助条规，即附属法规；国际公约；风俗习惯。下面主要简单介绍新加坡的判例法和制定法。

一、判例法

新加坡是普通法系国家，其法律主要是由判例法组成。新加坡最高法院的判例在全国均有约束力。但是，在1994年之前，新加坡的最高上诉法院是英国的枢密院，所以1994年之前的从新加坡上诉到英国枢密院的案件判决对现在的新加坡法院仍有约束力。此外，因为1963—1965 年间，新加坡是马来西亚联邦的一部分，所以在1963—1965 年之间的马来西亚联邦最高法院作出的判决，对新加坡法院也是有约束力的。

在司法实践中，判例是解决案件的关键，但同时也可能成为合理解决问题的绊脚石，所以有“推翻判例”的说法。但是因为对判例的推翻难度很大，只有最高法院才有权推翻先前判例，而且推翻判例会使先前法官“丢脸”，所以实践中很少出现“推翻”案件。为了解决这个矛盾，普通法系国家的法官创设了一套“规避判例”的方法。“规避判例”的重点就是在重要事实相类似的情况下，尽量找出目前案件与先前司法判例案件之间在事实上的差异，从而适用“规避案例”。然而，基于新加坡国土面积小，案件不很丰富的情况下，新加坡法院在判案时，有可能参照其他国家的判例，这些案例并非新加坡的判例法的组成部分，但在解决法律问题的时候占有很重要的地位，是“有说服力”的。对于这些其他国家的判例，只有在新加坡国内法出现“空白”的时候才可以运用。如果某项原则已经被很多国家承认，则该项原则具有很高的运用价值。尤其是来自英国和其他英联邦国家的原则，在新加坡具有格外重要的地位。

在这种情况下，如何界定新加坡国内法有“空白”就成为一个很重要的问题。一般来说，如果出现以下情形，则认为国内法有空白，可以借鉴外国判例：（一）该问题从来没有被解决过；（二）下级法院不同意运用现存的法律；（三）当地的判例非常陈旧，或者该判例作出之时的时代背景已经变更。此外，如果一项国内现存判例受到了法官和学者的广泛批评，法院也可能不适用该判例，转而借鉴国外判例。然而，在此过程中必须注意，该外国判例与新加坡当地的公共政策不相冲突。在判例法的运用上，还应当注意与制定法的冲突。一旦发现某判例与制定法相冲突，则应当根据制定法优先原则，适用制定法。

二、制定法

在新加坡，制定法包括立法机关和行政部门制定的法律。行政部门颁布辅助性立法。一般情况下，一部成文法可以分为几“节”，有时候规则也包括在内。在新加坡以及其他大多数普通法系国家，制定法不可能也没有打算去解决该领域内的所有法律问题。当然，刑法除外。根据罪刑法定原则，除非刑法法案中有明确法律规定，否则该嫌疑人不可被判有罪。在其他领域的制定法，其只能解决该领域内的部分问题，对于其他问题必须借助判例法。制定法主要在以下领域发挥作用：（一）指定某行政机关或立法机关，规定其权力及职责；（二）对特定行业或行为进行规制；（三）对于判例法空白的领域制定法律原则，或者在必要情况下对某些原则进行澄清。

现在，新加坡的所有制定法都收录在《新加坡共和国制定法》中。该收录是按照字母顺序排列，并且每一制定法均有一个章节数，方便查询。一部成文法的制定，要经过“三读”才能生效。草案通常包括解释性程序，制定该法案所使用的公共开支，还有对比性表格。在“一读”的时候，要提出大标题，确定“二读”的日期。但在一读过程中不可以提问题。一读之后应当公开发布。“二读”的时候，各参加者将会就草案的制定原则和大概的优劣进行辩论。参加者可能来源于某些委员会，也可能来源于国会中的所有委员会，或者是从公众中所选取的代表。所选择的委员会将发布其研究报告。“三读”的时候，各参加者将会就具体的细节问题进行讨论，并进行最终表决是否通过。对于制定法的生效，将会在政府公报上进行通知。

第二节　具有新加坡特色的法律制度

第一，具有完备的法律体系，严密的法网覆盖了社会经济生活的各个方面。

新加坡法律体系的第一个特点是完整。新加坡是个法制完备的国家，法律、法规、条例有400多种。其中，1959—1991年间制定的法律、法规有383种。法律涉及的范围非常广泛。从政府权力、经济管理、商业往来、交通规则、旅店管理，一直到公民生活的各个方面，几乎无所不包。人们的言行举止、衣食住行都有章可循，有法可依。例如禁止随地吐痰、丢烟头等。为了维护公共场所的卫生，法律禁止在新加坡生产和销售口香糖。为了保证交通安全，法律规定坐在汽车前排的乘客必须系好安全带。为了保证货币的正常流通，法律规定严禁涂污或毁坏货币。各种社会团体、单位和公共场所都有自己的规章制度和行为准则。大街、地铁等公共场所到处都有“禁止乱丢垃圾”、“禁止吸烟”、“禁止吃食物”、“禁止乱过马路”等告示，提醒人们随时遵守规则。

新加坡每一类法律都有一部国会法令和若干部附属条例与之配套，新加坡政府部门有14个，每个部门的法规都成型配套。80多个法定机构都是依法成立，依法运作，严格执法的。无论刑事法律、民事法律还是行政条例都针对性极强，对违法犯罪行为的惩处非常严密，在新加坡任何企图规避法律、钻法律空子的行为几乎都不可能。

第二，法律面前人人平等，高层领导率先垂范，带头执法、守法，不论是国人还是他国公民，在新加坡触犯法律，一样施法治罪。

新加坡可以说是非常严格地执行了“法律面前人人平等”这条法律原则，它有一套严格的执法机制和执法程序，强调法律的公众性，任何人在新加坡违反法律，都要受到法律的制裁，没有其他路可以变通。在新加坡，本国公民一旦犯罪，毫无私情可徇，不管是职位显赫的高官，还是普普通通的平民百姓，一样受到惩罚。即使是外国公民或法人在新加坡犯法，新加坡也不怕强国、大国施压威胁，同样是按照罪行严惩不贷。1994年轰动全球的新加坡高等法院惩处美国少年迈克·菲“涂鸦和破坏公物案”，尽管美国总统克林顿屡屡求情，申辩迈克·菲未成年，要求送交美国法庭处理，但新加坡不受干扰，仍根据新加坡的法律，判其坐牢 6 个月和鞭刑 6 鞭。还有像惩处美国《国际先驱论坛报》撰稿人林格尔诽谤案，处理涉及英国、德国等大国的英资巴林银行事件等案件，不管外国如何阻挠、干涉，新加坡最终还是将涉案外逃犯引渡回新加坡。就此事，新加坡政府曾告诫国人及驻新人员：“如果任何人被证明在新加坡触犯法律，不论他在什么地方都会引渡他。”由此可以看出，新加坡的法律是神圣的，法律面前是人人平等的，执行法律是公平、公正，严厉、严格的。

第三，“有法必依”在新加坡得到切实的体现，可谓严刑峻法、赏罚分明、执法如山。

新加坡是个法律规范渗透到国家、社会和家庭各个方面的法制国家，有“无事不立法，无处不执法，无人不知法”之说，法律已成为立国、治国、强国的重要支柱。严于执法，体现在不讲情面，不徇私情，官民平等。任何人违反法律，都要受到法律的制裁。新加坡政府尤其重视用法律手段对执政党和官员进行监督，要求人民行动党的党员和各级官员保持廉洁。严于执法还体现在用重罚和重刑。罚款是在新加坡广泛使用的惩处违法的方式。公共场所随处可见“禁止”的告示牌，并且标明处罚数额：乱丢垃圾，罚款1,000新元；随地吐痰，最高罚款1,000新元；公共场所吸烟，最高罚款1,000新元等。90年代初，普通工人一个月的工资只有700~800新元，这些罚款数额之大，都足以大大加重个人和家庭的负担，因而的确能起到警示作用。同时在现代文明国家中，新加坡仍保留着英国殖民时代遗留下来的鞭刑，对那些受人们痛恨但又罪不当死的偷盗、抢劫和强奸犯等施行鞭刑，一鞭打下去皮开肉绽，三鞭下去，一个月起不了床，使人念之发抖，不敢铤而走险。在新加坡贩卖或携带15克海洛因要被判处绞刑，从严的处罚，使更多的人不敢铤而走险，以身试法。

第四，有一套严格的执法机制和严格的执法程序。

新加坡学者认为，发展中国家与发达国家在经济发展目标和法律制度方面都差不多，区别仅在于发达国家属于法律硬性国家；发展中国家则往往是法律软性国家，虽有法律而不严格执行。新加坡属于法律硬性国家，在法律机制上，很少有弹性。这种硬性的法律机制表现在以下四个方面：

1．硬性的执法主体机制。新加坡有14个政府部门、57个法定机构，每个政府部门和法定机构都按照特定的部门法规、条例运作，分工明确，权责分明，很少交叉执法。

2．硬性的政府律师队伍。所谓政府律师，即有律师资格并在政府各部门担任法律顾问的人员。他们属于政府公务员序列，只能拿政府公务员薪金为政府服务，不能到社会上办案。据统计，新加坡共有政府律师200多名，被派驻政府各个部门和法定机构。其主要职责是：（1）担任政府部门法律顾问，参与政府决策；（2）论证、解答政府部门提出的各种法律问题，提供法律咨询意见；（3）代理政府各部门办理各种法律事务；（4）受政府委托，拟定各种法律文件和各类规章；（5）代理政府进行行政诉讼；（6）代表政府检控，可以发传票传唤当事人，出庭支持公诉。

3．硬性的多样化的执法手段。在新加坡执法手段严格多样，不仅仅是罚款。如为了缓解中央商业区车辆过密的矛盾，新加坡法律规定，凡交通繁忙时驶进中央商业区的车辆，必须坐满4人，上自总理，下自庶民，一概如此。为此，几个道口上都各有两名女警察，专注观察每辆小汽车上的人数，不满4人者，并不当场拦车，而是记下车号，再书面通知车主按指定的时间交罚款，逾期一日，加罚一倍，再逾期则被控上法庭。新加坡法律还规定，如被罚款而交不出，就得以坐牢抵缴罚款。除了罚款、坐牢，还可以视法定情况庭外罚款销案，严重者才施以鞭刑。

4．硬性的执法程序。新加坡的法律都比较完备、周密、明确、便于操作。《公司法》对公司设立的条件作了详尽的规定，其中142条规定，公司自成立起必须在新加坡境内设立一个“注册办公场所”，要保证“所有通讯和通知可投寄到该场所”，而且规定，场所是公开的，对公众开放时间每日不得少于3小时，办公场所一旦变更，必须向注册机关报告。否则该公司管理人员将被判有罪，处以5,000元以下的罚款。再如，新加坡实行驾驶员赏罚记分制度，一名司机如果在24个月内累积24分，将被令暂停驾驶3个月，得重新训练和考试，才能驾驶。首次被令暂停驾驶期限是3个月，再次被令暂停驾驶的期限可长达3年。一般闯红灯罚50元记6分，时速超速60公里，一次记24分，除吊销执照外，还将被控上法庭判处罚款或坐牢。

第三节　新加坡宪法

1963年，新加坡成为马来西亚联邦的一个州，但是它拥有一定的教育、文化、经济自治权力。1965年，新加坡退出马来西亚联邦宣布独立后，新加坡制宪会议通过《宪法修正法令》和《新加坡独立法令》，把《新加坡州宪法》修改为《新加坡共和国宪法》，并规定马来西亚宪法中的部分内容对新加坡仍将有用。

从1965年独立到1980年，新加坡的宪法包含了3个基本文件，即《新加坡共和国宪法》《新加坡独立法令》和马来西亚宪法中适用于新加坡的部分。1980年，新加坡出版《新加坡共和国宪法》重印本，把3个文件融为一体。此后，几乎每年都有补充，也经历过几次大的修改。1984年，政府成立了一个特别工作小组，对宪法修改和宪政改革进行研究。1988年，政府提出《宪法修正白皮书》，并让国会和社会各界展开讨论。1990年，吴作栋副总理向国会提出新的宪法法规，1991年，国会通过。这次宪法修改的最主要的内容是将总统由国会选举改为选民直接选举产生，并扩大了总统的权限。2001年，国会又通过宪法修正法案。

宪法是新加坡效力最高的法律，它强制规定，任何与宪法冲突的法律都会被宣告无效。而且，只有超过全体国会选举议员中的2/3的人数投票通过，宪法的条款才可以被修改。对于特别宪法修正案涉及寻求更改民选总统的自主权力范围和有关公民基本自由的条款，除了国会投票，还要求在一次性的全国公民投票中获得至少2/3以上的选票同意。

《新加坡共和国宪法》突出地加强了某些基本权利，如宗教信仰自由、言论自由和公民的平等权利。这些个人权利并不是绝对的。出于公共秩序的维持，道德良俗和国家安全的理由，它们也会被加以限制。除了对少数族群和少数宗教群体的一般性保护之外，新加坡本土的马来人原住民，他们的特别地位受到宪法明确保障。宪法还规定了国家的各个机构所具有的权力与功能，包括立法、行政和司法三方面。新加坡宪法共七编105条，此外还有3个附表（“各式宣词”、“效忠和忠诚”以及“公民资格”）。

第一编“政府”，包括四章31条。第一章“总统”，规定总统的任职资格、产生的法律程序和职权。第二章“穆斯林宗教”，规定设立总统委员会，处理穆斯林宗教事务。第三章“行政机关”，规定行政权力属于总统，总统任命国会多数党领袖为总理，并根据总理的建议任命部长，组成内阁；规定了内阁的法律地位和基本职权；同时规定设立总检察长一职，就总统和内阁交付的法律问题给政府提供建议。第四章“关于财产契约和诉讼的能力”，规定政府可以起诉和被诉。

第二编“立法机关”，包括31条。规定立法机关由总统和国会组成；规定了议会的产生程序、组成、立法程序、工作方式、议事规则、基本职权和议员资格。

第三编“公民资格”，包括17条。规定公民权的取得与丧失；公民享有的政治、经济、社会、文化权利以及宗教信仰、出版、结社和人身等方面的自由。

第四编“公共事务”，包括11条。规定公务员制度的基本内容，包括设立“公务委员会”作为实施公务员制度的机构；对公务员的选拔、录用、管理、考核、晋升、退休等做了明确规定。

第五编“财政条款”，包括6条。规定非依据法律不得征收任何税收；国家设立“统一基金”；财政部长应在每一财政年度结束前向国会提出上一年度的财政结算和下一年度的财政概算，并得到国会批准等。

第六编“一般条款”，包括6条。规定保护少数民族和少数宗教集团的利益；规定了宪法的修改程序以及对宪法中一些重要概念的解释。

第七编“临时性和过渡性条款”，包括11条。主要是规定与1958年宪法（即《新加坡自治法案》）的衔接问题。

第四节　法律教育与法律职业

新加坡是一个法治国家，非常注重法律教育的发展和法律职业的培养。

一、法律教育

新加坡一直重视教育，这是新加坡在40年中取得举世瞩目成就的重要经验之一。在新加坡的中小学教育体制中，虽然没有设置专门的法制教育课程和教材，但是新加坡政府注重从小就培养学生的公民意识，在公民与道德教育课程中加强法制教育。同时，学校有明确的奖励和惩罚制度，使学生从小就有了

“规则”的意识，为极少数不良行为的学生提供多角度的教导和安置。新加坡不仅注重中小学的法制教育，而且注重大学的法制教育，到了大学，学生们可以开始接受系统和专门的法律教育。新加坡国立大学法学院就是新加坡法学教育的重镇。国立大学的法学院是较古老的院系之一，目前已经成为亚洲顶尖的法学院系。同时新加坡管理大学还成立了新加坡第二所法学院。在法律服务国际化日益加强的情况下，新加坡国立大学法学部已更为强调在校学生需要获取有关外国法系和国际法的知识，接触外国法律制度。

在新加坡，要获得新加坡律师协会的承认，进入新加坡律师界有很多的途径，受试者首先必须要在新加坡国立大学，或是英国、澳洲、加拿大和新西兰任一得到批准的大学中获取一个法律学位，才能符合“合资格人士”的条件。同时这些大学的法学毕业生也必须在新加坡国立大学完成学习新加坡法律的硕士课程。第二道重要的门槛就是通过由法律教育委员会出题的毕业生法律课程考试。最后，在完成上述两项要求以后，这些法学毕业生还会被要求跟随一位诉讼兼事务律师，作为他的学徒，完成时间长度为6个月或特别指定长度的实习。在上述条件都满足以后，他就能获得新加坡律师协会的承认。

二、法律职业

新加坡的法律职业被称为“二合一”职业——新加坡的律师既可以是诉讼律师，也可以同时作为法律顾问。无论如何，他们都向最高法院负责。新加坡的律师可以成为新加坡法律服务机构的一名司法官员，或者担任公司的常任法律顾问，又或是在新加坡或国际律师事务所中实际操作法律。在新加坡设立的单位中，律师可以处理出庭诉讼、公司事务、财产转让和知识产权业务。在国际性律师事务所中工作的律师，他们的业务范围一般都被限制在复杂的公司事务、金融与银行交易的范围内。法律职业，如法庭一样，近年来也经历了不同功能专业化程度的提升。有更多的律师涉入更为深奥的领域，诸如生物科技和证券资产等。

为维持法律职业操守，最高法院对实务与非实务的诉讼兼事务律师保有一定的惩戒权力。惩罚措施包括将律师从名单上除名、一定时期内禁止执业和予以谴责。确切的惩罚管理依律师的误导、品行不端和其他行为的严重程度，以及疏忽之处而定。

对那些自行创业的律师来说，近年来法律界风景线上一个显著的景点，就是律师事务所之间以建立法律实践和合作联盟为手段的迅速扩散。除了以前主要的参伙和合伙以外，法律职业也遇上了对相关利益负有限责任的法律公司的创立。此外还存在外国律师事务所和新加坡律师事务所组成的联合法律投资活动和正式的法律联盟。这样做带来的好处就是在市场推广上，他们能以单一服务提供者的身份出现，并且集中顾客名单。

与英国和澳洲的律师相比，新加坡的律师收费相对来说较为适中，但他们仍然在新加坡国民平均收入中占据一个较重的份额。在新加坡，败诉方一般都要支付胜诉方因诉讼而产生的合理费用（包括律师费）。依照新加坡《律师专业法令》，新加坡律师不允许收取偶然的额外费用。有鉴及此，《法律援助与法律咨询法令》授权建立新加坡法律援助局，目的是为了向有需要的人士提供民事方面的法律咨询和法律服务。至于刑事方面，新加坡律师公会为有需要的被控诉人士实行刑事法律援助计划。

除了法律部门，新加坡还有其他两个重要的法定机构为法律社区服务：律师公会和新加坡法律协会。律师公会主要维护执业律师的权益，而新加坡法律协会则寻求在整体上改进法律职业。

第五节　新加坡的国际仲裁

国际仲裁是解决国际争端方式之一，国际法上简称“仲裁”或“公断”。一般适用于解决两国间关于法律性质的争端，通常由当事国根据事先或事后签订的仲裁协定或某些条约中的仲裁条款，将争端交由双方选定的仲裁人所组成的仲裁法庭依照一定的程序审理，审理的结果（即裁决）为最后决定，双方均应服从。除上述为解决专案而组成的临时性仲裁法庭外，国际间还有常设仲裁法庭。

新加坡仲裁制度实行双轨制，即实行两套独立的仲裁立法体系。凡仲裁所在地在新加坡的，仲裁程序由新加坡《仲裁法》或《国际仲裁法》调整。《仲裁法》与联合国国际贸易法委员会《国际商事仲裁示范法》（以下简称《示范法》）则适用于国内仲裁。国际仲裁协议适用于《国际仲裁法》。同时，只要当事各方都书面同意《国际仲裁法》，那么《国际仲裁法》也适用于非国际仲裁。这两套法律体系的不同之处主要在于，法院在仲裁程序中的干预程度以及对当事人自治的尊重程度。在《国际仲裁法》体系下，法院干预受到限制，必须严格遵从法律列明的几种情形。在《国际仲裁法》下，对拒绝仲裁裁决的理由也作了限定性的列举。而在《仲裁法》下，当事一方可以根据当事各方的协议，或经法庭准许，就裁决的法律问题提出上诉。对于严重影响当事各方权利的法律问题，《仲裁法》也允许当事各方提请诉讼裁定。新加坡仲裁可以按临时仲裁规则进行，也可以提交仲裁机构进行。

新加坡国际仲裁中心成立于1991年，它系非营利、非官方机构，为全球工商企业和个人提供中立的仲裁服务。它主要是协助中外当事人，通过仲裁方式切实高效地解决涉外经济纠纷。在新加坡国际仲裁中心监督管理下作出的仲裁裁决，已在中国（含香港）、印度、印尼和美国等纽约公约成员国得到执行。具有全球视野的国际组织新加坡国际仲裁中心实行国际化的董事局领导。现任董事局由世界上居于国际仲裁实务前沿的仲裁员组成，分别来自澳大利亚、瑞士、英国、美国、印度、韩国和新加坡。新加坡国际仲裁中心由此得到丰富的普通法和大陆法两大法系的国际仲裁经验。

新加坡国际仲裁中心亦成立了国际顾问理事会，作为董事局的咨询支持机构。理事成员均为各国（地区）国际仲裁界专家精英，可为董事局提供新加坡国际仲裁中心当前及今后发展的专业意见。新加坡国际仲裁中心在册国际仲裁员320余人，分布31个国家和地区。新加坡国际仲裁中心秘书处负责日常工作。团队成员来自不同国家（包括普通法和大陆法系），其中有中国、新加坡、英国、美国、印度、印尼和马来西亚等国家执业资格的律师。选择“新加坡国际仲裁中心仲裁规则”的用户多为在全球开展业务的企业和个人，新加坡国际仲裁中心管理团队与各国用户的总部保持相应的全球视野。

新加坡国际仲裁中心既管理那些由当事各方在仲裁协议中接受该机构仲裁规则的案件，也管理当事各方同意采用的贸法会仲裁规则的仲裁。案件一旦按照新加坡国际仲裁中心仲裁规则进行，当事各方将支付管理费。对于未采用新加坡国际仲裁中心仲裁规则的案件，只要向新加坡国际仲裁中心提出指定仲裁员的请求，就要支付指定费。管理费根据仲裁请求或反请求的金额按比例收取。另一方面，仲裁员指定费是按人数收费，而不论争议金额数量多少。

在新加坡，审理国内国际仲裁的仲裁员都有明确的法定权力，决定他们的自裁管辖权，包括任何反对有关于仲裁协议的存在或有效性问题。仲裁庭作出合同失效的决定，不应当在法律上导致仲裁条款无效力。然而，当事人对仲裁庭自裁管辖权提出异议的话，这项权利服从于向高等法庭的上诉，并且由高等法庭决定是否准许向上诉庭作更进一步的上诉。在新加坡国内仲裁或国际仲裁中，如果当事各方不能就仲裁员的委任程序达成协议，或者不能就独任仲裁员的指定达成一致同意时，当事任何一方均可以向新加坡国际仲裁中心副主席申请委任仲裁员。

通常情况下，《仲裁法》要求仲裁庭开庭审理仲裁案件，除非当事各方要求并同意仲裁庭仅进行书面审理，仲裁庭才可不开庭审理。在新加坡，仲裁员不受证据法规的限制。《证据法》适用于所有诉讼程序，但特别地被排除在仲裁程序的适用之外。那些对传闻证据、外在证据或非法获得证据的限制规则不能应用于仲裁审理。对于证据的可接受性、相关性、实质性及其重要性，决定权在仲裁庭。

对于根据国内《仲裁法》的仲裁，当事各方可协商约定仲裁员行使的权力。《仲裁法》赋予仲裁庭某种权力（不影响当事人赋予仲裁庭的权力），包括下令或指示当事人为审理程序提供费用担保，披露、保存和临时保管证据，仲裁庭有权处理宣誓或誓言。《国际仲裁法》赋予仲裁庭的权力与此相似。

第五章 投资指南

本章导读

☆新加坡优越的地理位置、稳定的政治环境、鲜明的亲商政策、低廉的营运成本等优势，使新加坡成为全球最佳投资经商地点之一；吸引外资是新加坡的基本国策，新加坡对外资准入政策宽松，除国防相关行业及个别特殊行业外，对外资的运作基本没有限制；完善的基础设施，“即插即用”的工业园，优惠的投资税收政策，多种多样的政府奖励措施，吸引着各国的企业到新加坡谋求发展；对中国投资者来说，在新加坡投资经商，还可占有语言相通的优势。本章将从以上几个方面对新加坡的投资环境进行简要介绍，希望能为读者提供准确无误的投资信息。

第一节 新加坡的优势[①]

新加坡是全球经商综合便利程度最高的国家，2009年和2010年连续两年全球排名第一。新加坡是全球最有竞争力的国家，拥有全球最佳的营商环境，是亚洲营商环境中官僚作风最少的地方。新加坡的贪腐程度之低，在亚洲经济体中排名第一，世界排名第三。新加坡的透明度指数在亚洲国家中排名第一，世界排名第二。新加坡连续16年在全球最具投资潜力的国家中排名第二。新加坡在网络发展与信息通信技术应用方面是亚洲最成熟的国家。新加坡的知识产权保护在全球排名第一。

新加坡拥有高素质的人力资源。新加坡的劳动队伍连续被美国商业环境风险调查机构（BERI）评为世界第一。新加坡拥有最适宜经商的劳工法规和最良好的劳资关系。

新加坡的移民法规对外国人才的限制最少，宽松度世界第一。新加坡被外国评论家视为亚洲最佳的工作地点，是外籍员工的首选之地。新加坡是亚洲最适合工作、生活和娱乐的城市。

新加坡稳定的政治环境也是其吸引越来越多的外商的一个重要因素之一。2006年，与国际货币基金组织及世界银行联办的莱佛士论坛在新加坡举行，新加坡内阁资政李光耀认为，善政就是拥有良好的政治体系，确保新加坡的生存发展。

新加坡之所以能够从一个没有石油储量的国家发展成为区域内规模最大、最高效的炼油和燃油材料中心，强大的基础设施和稳定的政治环境所起到的支持作用是显而易见的。良好的政治体系也可以满足如住房、教育和生活稳定等基本需要，从

①参见http://www.sedb.com/edb/sg/zh_cn2/index.html。

而促进国家的长期增长。也因为如此，凭借世界一流的环境，新加坡吸引了多家跨国公司进驻。

一、跨国企业亚洲总部的首选之地

新加坡战略性的地理位置、一流的基础设施、稳定的政治环境、鲜明的亲商政策和低廉的经营成本等优势，使其成为来自美国、欧洲与日本的跨国公司设立亚洲总部的首选之地。近年来，许多亚洲国家的公司也将新加坡选为进军全球市场的平台。在新加坡，跨国企业可以相互交流、进行交易，并建立伙伴关系。

总部设在新加坡的国际公司逐渐会发现立足于新加坡的明显优势。目前，全球共有26,000多家公司在新加坡设立区域总部或分公司。1/3的“财富500”公司选择在新加坡设立他们的亚洲总部。新加坡签署了50多个避免双重课税协定和30多项投资保证协议，使选择在新加坡进行跨国业务的总部公司，享有税收优势。

作为《保护工业产权巴黎公约》和《贸易知识产权协定》签字国，新加坡为外国企业提供额外保障，以实现最大的知识产权潜能。

新加坡作为全球最大的外汇市场之一，拥有完善的金融设施，吸引着许多区域财务中心在新加坡落户。

新加坡是拥有标准普尔AAA信贷评级的极少数国家之一。

二、迅速崛起的金融中心

新加坡不仅在国际金融、贸易融资、海事金融、保险和财务运作方面处于世界领先地位，在资产及财富管理方面也名列前茅。新加坡已成为全球第四大外汇交易中心。

在新加坡设立区域总部和分公司，可以利用当地多元化的资本市场，并享受由500多家当地或外国金融机构提供的优质金融服务。新加坡拥有4,500多家各类专业服务公司，可以提供诸如审计、会计和管理咨询、市场调研、广告和公共关系、人力资本及法律等服务。

新加坡迅速发展成为集中服务或“共享服务”的理想地点。把资讯科技、金融及物流方面的操作集中在一起有利于企业降低运营成本、提高生产力，也易于保持始终如一的服务水准。

三、卓越的基础设施

新加坡优越的地理位置，使之成为世界一流的海运和航空交通枢纽。新加坡拥有全球最繁忙的集装箱码头，拥有200家航运公司、连接着全球123个国家的600多个港口。樟宜国际机场每周提供超过4,000个航班，连接着57个国家的182个城市，为乘客和货运提供方便有效的服务。樟宜航空货运中心提供24小时的一站式服务，货运公司在此可运送、并装、存储或重新包装货物，而无需办理相关文件或缴纳进口税。这些便利因素已吸引了6,000多家物流服务供应商来到新加坡，其中包括21家世界排名前25的第三方物流服务供应商。

新加坡拥有完善的城市公共交通系统，可以提供便捷的地铁、巴士和的士服务，使得遍览新加坡易如反掌。新加坡的信息技术极为发达，宽带网络已覆盖全国，和世界上100多个国家的电信通讯达到27.6Tbps。只要有需要，在当地开展业务的公司可以借助发达的陆、海、空运输渠道及电讯联系将货物和服务送达世界上任何地方。

新加坡还拥有亚洲最广大的自由贸易协议网络。新加坡已与多个国家签署了自由贸易协议（FTAs）。通过降低关税和非关税壁垒，提供广泛的市场联系，方便企业进军国际市场。与新加坡签订自由贸易协议的主要经济体包括：美国、日本、澳洲、纽西兰、欧洲自由贸易联盟成员国、约旦、中国、智利、韩国、印度和巴拿马。

此外，新加坡还与相关国家签署了35项投资保障协议，以降低驻新企业在其他国家的非商业投资风险。

四、制造业的首选地点

制造业构成新加坡经济总量的1/4，而它在新加坡国内生产总值所占的比率也一直维持平稳。就成本竞争力而言，新加坡是具有高度竞争力的制造基地，其各个制造领域在国际上都具有明显的优势。新加坡目前的制造业基础已具备可观的精细程度与增长潜力，随着经济进一步向知识与研究转型，新加坡将会吸引国际上更多的制造业企业到新加坡投资，从而进一步巩固新加坡在制造与制造服务方面在全球所占有的优势地位。

40多年来，新加坡的制造业已从原来的劳力密集型发展到研究型和知识型经济。新加坡先进的制造业管理与保障系统能够为各类制造业企业提供全方位的经营服务，使其经营活动能在最优化及最具成本竞争力的情况下完成。

一家公司无论是要催化新发展，还是要在国际上使产品商业化，新加坡都可说是一片肥沃的土壤。处于创业起步阶段的公司必然会看中新加坡有利于经商的环境。对这类公司而言，纵观亚洲，新加坡是能让它们最快崛起、成本最低的地点；论经商之易，新加坡还被世界银行评为亚洲第一（2009年）。在国际上，许多公司越来越把新加坡认定为适宜开展技术密集兼高增值制造作业之地。

在研发投入方面，新加坡一直走在世界各国的前列。新加坡的目标是要将研发投入在其国内生产总值中所占的比率从2010年前的2%提升到3%。新加坡既有私人与公共研究机构之间的多个合作项目，又有活力十足的知识产权保护制度，从而吸引着越来越多的国际企业在新加坡设立其全球研发中心。

另外，新加坡还积极培育新兴领域的制造企业，视之为将来可能推动新加坡经济增长的动力所在。这为欲在新加坡开拓市场的制造业提供了前所未有的机会。

五、完善的知识产权保护制度

在概念及创新事项的商业化方面，新加坡可说是亚洲最佳地点之一，因为新加坡非常认真地看待知识产权保护的课题。在亚洲，新加坡已经成为企业知识产权资产管理的一站式中心。从知识产权的创造到对它的保护和利用，新加坡都可为企业在知识产权管理运作的各个环节进行增值。

企业可事半功倍地受惠于新加坡健全的知识产权保护机制与法律基础设施。关于对知识产权的保护，世界经济论坛（WEF）和瑞士洛桑国际管理发展学院（IMD）都把新加坡评为亚洲第一（2008年）。

由于新加坡是各大知识产权国际公约与条约如专利合作条约、巴黎公约、伯尔尼公约、马德里协定、布达佩斯条约、与贸易有关的知识产权协议以及世界知识产权组织的缔约国，在新加坡的外国企业均可在新加坡申请和享受全球知识产权保护。

此外，新加坡还有一些相关机构，如新加坡知识产权局、新加坡国际仲裁中心、新加坡词曲版权协会、新加坡唱片音像工业协会，以及新加坡调解中心等等也从事着知识产权保护工作。

新加坡拥有各类知识产权的专才，确保企业和个人的新的专利权、版权与商标所需的一切服务，其服务包括知识产权诉讼、技术情报以及知识产权估价等方面。

新加坡是知识产权商业化的理想地点。将自己的知识产权基地设置在新加坡的公司，可以借助新加坡繁荣的金融业、优越的技术与制造能力，以及全球连通性来实现本身知识产权的最大价值。新加坡的创业投资业非常蓬勃，有超过165家创业投资公司，管理资金超过175亿新元。企业大可利用此丰富资源，筹措资金将本身的知识产权商业化。

六、在新加坡上市与融资

新加坡交易所（SGX）成立于1999年12月1日，由两个信誉良好的金融机构——新加坡证券交易所（SES）与新加坡国际金融交易所（SIMEX）合并而成。新加坡交易所是亚太地区首家股份制和集证券及金融衍生产品交易于一体的交易所。新交所不但是优秀上市公司的大本营，在吸引国际发行商方面也位列全球交易所前茅，并快速成为国际金融衍生品在亚洲的海外风险管理中心。

新加坡是中国的第八大贸易合作伙伴，也是中国以外聚集中国企业最多的国家。到目前为止在新加坡交易所上市的外国公司中，有超过40%是中国公司。2009年6月，已有149家中国公司在新加坡交易所挂牌上市。这是新加坡在吸引中国企业到这里上市的里程碑，巩固了新加坡作为领先金融中心的地位。

截至2005年底，中资或中资背景企业在新加坡交易所上市的总市值约160亿新元，累计融资额约26.4亿新元。自2000年，中国公司的总体表现超越整体市场。它们的市场资本总额在过去5年每年增长超过50%。这显示投资者对中国公司很感兴趣。

通过在新交所挂牌，中国公司可以从国际资本市场募集资金，提高国际知名度并从全面与透明的国际金融制度中获益。

第二节 税收与优惠政策

新加坡是全世界公司税税率最低的国家之一，这为企业拓展业务降低了成本。此外，政府还推出了一系列税务计划和奖励措施协助企业发展。

欲了解进一步详情，请浏览新加坡国内税务局网站。①

一、公司税

公司税税率	17%[1]
资本收益税	免税
预扣税[2] –股息	免税[3]
预扣税[2]–利息	15%
预扣税[2]–专利金	10%
净营业亏损–向前结转	无限
净营业亏损–向后结转	从2006评税年度起，公司可将前一年的亏损向后结转，顶限为10万元。

注：[1] 17%的公司税税率将在2009评税年度生效。在新加坡注册的子公司，或者外国公司的分公司，无论是当地企业或非当地企业，都一律享有这个税率。

[2] 向非当地企业支付的一些付款，例如技术援助费或管理费，必须按照公司税税率缴付预扣税。

[3] 单一公司税制在2003年1月1日生效，取代旧的归原税制。根据新税制，公司可以发出单一豁免股息，而股东取得的股息收入不必缴税。

①参见http://www.iras.gov.sg/。

（一）新加坡税收管辖原则

新加坡采取属地主义的税收管辖原则。在新加坡赚取的收入，或者在国外赚取，但在新加坡接收的收入都必须缴税。税务豁免条文自2003年估税年度开始推行。公司之间的交易必须按正常、公平的商业关系进行。

（二）符合税务豁免的条件

1. 收入来源国在获得该项收入的年度税率至少为15%。

2. 该笔收入已在来源国家纳税（如果公司在国外进行大量的商业活动，并在当地获得税务奖励，因而不必为收入缴税，也符合这个条件）。

新加坡的评税年度从1月1日开始，并在12月31日结束。公司在每个评税年度，申报前一年度的收入。比方说，2002财政年度的收入是在2003评税年度申报的。

（三）资本津贴

购买固定资产的开销不可享有税务优惠，因为这种开销属于资本投入。

固定资产的折损也不能扣税。

虽然公司不能从固定资产的成本和折损享有税务优惠，不过它能为固定资产的耗损，索取“资本津贴”的税务回扣。

公司可为展开商业或贸易活动所购买的厂房及机械设备申请资本津贴。不过，根据所得税法令，一些类型的资产不能享有资本津贴，例如：S车牌的私家车。

厂房与机械泛指拥有以下特征的固定资产：

不是公司的货品（非转售物品）；

公司经商或进行贸易活动的器材；

不属于营业单位的装置或设施（但如果您为商业单位进行装修或整修，可在14Q税例下申请税务回扣）。

类型	资本津贴
厂房与器械	最初津贴额 - 20% 每年津贴额 - 不定[1]
工业大楼和建筑	最初津贴额 - 25% 每年津贴额 - 3%
获批准的技术、专利权和知识产权	20%
获批准的成本分担协议	100%[2]
注：[1] 总津贴额可达成本的80%，可分5～16年的预计使用期索取。 [2] 税率适用于2006年2月17日或之后签署和批准的成本分担协议。在这之前，资本津贴额为20%。	

（四）资本津贴呈报程序

公司必须在财政年度结束的三个月内提交预估应课税收入总额。公司必须在评税年度的11月30日之前报税。

欲知更多关于公司税呈报程序详情，请浏览新加坡国内税务局网站有关公司税栏目。①

二、消费税

在新加坡所供应的货品和服务以及所有进口新加坡的货品都必须缴付7%的消费税。

进口货物的应课税价值是根据货品到岸价格（成本、保险费加运费）外加佣金、其他杂费和所有应缴付关税来计算的。

在某些情况下，进口货品可获消费税折扣。出口和国际服务则免税。只有应纳税人才可索讨当投入税所缴付的消费税。

①参见http://www.iras.gov.sg/irashome/default.aspx。

三、个人税

个人所得税	0%～20%
附加福利的处理：生活费调整	应税
附加福利的处理：住宿	应税
附加福利的处理：股票认购权	应税
附加福利的处理：汽车	新加坡公民和永久居民免税
附加福利的处理：公积金	应税
工资和收入以外所得的处理：利息	应税
工资和收入以外所得的处理：专利	应税
工资和收入以外所得的处理：股息	应税
工资和收入以外所得的处理：董事费	应税

任何在新加坡居住的个体便是纳税人，或者他／她：

在新加坡逗留183天或更久；或在新加坡受聘183天或更久。

任何新加坡公民如果在任何一年内在海外受聘至少6个月，可在受聘海外后的估算年选择被归类为非居民。

非公民在新加坡接收的国外所得不必缴税。

评税年度从1月1日开始，并在12月31日结束。公司在每个评税年度，申报前一年的收入。比方说，2004财政年的收入是在2005估税年申报的。

（一）居民与非居民的差别

居民个体	非居民个体
累进税率	薪金所得税–15%或适用的累进税率，视何者较高 其他所得征税率为22%
双重税务折扣	无双重税务折扣
个人、收入所得、孩子等扣除项目	无扣除项目
储蓄利息所得免税	获认可银行的储蓄利息免税
所有工资所得需征税	在新加坡受聘不超过60天的工资所得豁免征税
税务回扣（由财政部宣布）	无税务回扣
在新加坡所收到的海外收入所得须征税	在新加坡所收到的海外收入所得豁免征税

（二）非一般居民计划

非一般居民计划（NOR），适用于那些经常出国的人士。符合非一般居民计划资格的人士只需为其在新加坡获取的收入所得缴税，可征税收入所得根据他一年内逗留新加坡的日子来计算。

非一般居民计划纳税人在来新之前的收入所得也豁免征税，这类所得的汇款也可豁免征税。非新加坡公民纳税人的雇主为其海外养老金的贡献也可豁免征税。详情可浏览新加坡国内税务局的网站。①

①参见http://www.iras.gov.sg/irashome/default.aspx。

四、股票认购权的处理

股票认购权收益当工资所得征税。收益指股票在行使认购权时的市场价格和行使价格的差价。各种诸如符合资格员工股票认购计划（QESOP）、企业家员工股票认购计划（ESOP）以及公司股票认购计划（CSOP）可协助减低税务负担。这些措施也适用于其他员工股票所有权计划。详情可浏览新加坡国内税务局的网站。①

五、海外税额减免

仅限于海外应付税额以及该收益在新加坡所应缴付的税额，视何者较低。海外税额减免以个别国家和个别来源计算，若超额则被没收。

新加坡与51个国家签署了双重课税条约，来自非条约国的所有服务所得则可获单边税额抵免。

呈报程序。个人必须在估税年的4月15日之前呈报个人所得税。

六、产业税

产业税根据所有房屋、土地、建筑物和住房的年值按百分比计算，年值是指产业每年的总租金收益，并与产业作何种工业用途无关。

年值的一般计算方法：

类似地点相近产业的租金收益；

产业的资本投资合理回报（一般适用于没有其他用途的产

---

①参见http://www.iras.gov.sg/irashome/default.aspx。

业）；

空地或者有不重要建筑物的土地的市场价值之5%；

工业和商用产业的税率是10%，而屋主自用的住宅产业则征收优惠税率4%。在某些情况之下，可豁免发展中的土地产业税。

产业税每年估算两次，即在1月1日和7月1日。首席估算官确定年度收益后，业主如有异议可以上诉。

七、专利权成本单一税务减免

税务减免政策在2003年预算案公布后实施。2003年6月1日当天或以后的专利权成本开销可获单一税务减免。该法令列在《个人所得税法令》第14A节。

这一税务减免政策的目的与新加坡一贯地重视和鼓励创造发明的政策相符。新加坡正努力发展成为知识产权枢纽，并认真对待知识产权的策略性价值。专利权是保护知识产权的途径之一，有助开发科技和科学研发成果。新加坡积极倡导创新经济，因此特别重视和鼓励专利权的登记。

2003年6月1日前的新加坡税务体制视专利权的一切成本为资本的一部分，因此并不享有税务减免的优待。为了鼓励更多的企业为本身的发明申请专利权，继而使新加坡有条件发展成为一个具有吸引力的知识产权管理基地，因此为驻新企业和商务运作（以下称“人士”）在2003年6月1日当天或以后的专利权成本提供单一税务减免。

任何人士只要符合以下条件，便可获单一税务减免：

1. 专利权成本必须在新加坡合法注册。

2. 在申请减免专利权成本开销时，以书面证实：

（1）他有权享有专利权的开发收益；

（2）他将专利权申请成功后在新加坡行使拥有权；

（3）他未曾而且也不会就专利权成本开销申请专利权基金优惠（由经发局负责审批）。

1. 专利权成本范围

有资格获单一税务减免的专利权成本范围定义如下：

支付给新加坡或他处的专利权注册处的规定收费：

（1）专利权登记备案；

（2）申请专利权的搜寻和调查报告；

（3）授予专利权。

2. 支付给合法专利权经纪或同等人士的专业服务费用

（1）在新加坡或他处申请或取得专利权；

（2）按新加坡或他国的专利权法令准备规格或其他文件；

（3）提供有关专利权的有效性或违法性的意见（科学或技术性质的意见除外）。

符合上述条件的成本包括翻译和搜索现有技术的费用。

3. 不能获单一税务减免的开销

专利权续期费用、因疏忽导致专利权失效后的申请补发、维护或执行专利权、权益转移的开销等，将不获减免优待。这些并非专利权申请过程的必要成本开销，并将不获减免。

八、研发开支额外税务减免

自2003估税年起，任何外包给新加坡或海外研发机构的研发业务开销可索讨单一税务减免。

欲知更多关于研发开销的税务回扣，请参考国内税务局网站。[①]

---

①参见http://www.iras.gov.sg/irasHome/page04.aspx?id=614#researchexpenses。

九、 全球商业投资者计划（GIP）

新加坡推行亲商政策，使在这里落户的企业享有很多便利。全球商业投资者计划让有意在新加坡经商的外国人享有更大的便利，方便地进入或回返新加坡。有兴趣在新加坡创业或者进行投资者，皆有资格按全球商业投资者计划的规定申请新加坡永久居留权。

全球商业投资者计划申请程序主要有以下内容：

1. 全球商业投资者计划申请书；

2. 投资方案 。

在此计划下，申请者可选择其中一个投资方案：

A方案: 投资至少新币250元开拓新的生意，或扩充现有的生意。

B方案：投资至少新币250元于获全球商业投资者计划批准的基金。

（说明：方案投资选项将被取消，申请者不能将50%的投资额投资于自住私人住宅。）

根据全球商业投资者计划规定，申请者可投资以下商业领域：

1. 生物制药科学（医疗保健服务、医疗技术、制药和生物技术）；

2. 清洁能源；

3. 教育和专业服务；

4. 电子（电子元器件、电子系统、半导体）；

5. 能源、化工和工程服务；

6. 环境技术；

7. 信息通讯和多媒体（IT/计算机和电子商务、多媒体和数字娱乐、通讯）；

8. 国际组织、非政府组织和慈善组织；

9. 时尚和运动：视觉艺术，例如画廊、博物馆、拍卖行、艺术物流、艺术存储设施；表演艺术，例如剧场、制作工作室；体育运动，例如体育学院、体育公司总部；

10. 物流；

11. 新技术（智能系统、纳米技术、新技术行业）；

12. 精密工程（机械和系统、PMC/印刷和包装）；

13. 运输工程（宇航、海事与近海事工程/陆地运输/石油和天然气）。

亲属永久居留权的申请。全球商业投资者计划的主要申请者，不能够为父母和配偶的父母申请永久居留权。他们可转而申请有效期为5年的长期探访证（Long Term Visit Pass - LTVP）。长期探访证可根据主要申请者的再入境许可证的有效性进行更新。

具体申请步骤与表格的下载，可详见新加坡经济发展局网站。[①]

十、 多次出入境签证

此类签证专为那些来自需签证国家的商务管理人员提供多次进入新加坡的便利。此类签证的持有者在有效期内允许多次入境，每次入境可居住长达30天，并无需为每次入境而申请。在申请成功后，依照移民与关卡局现有的签证条规，可获得有效期为1年、2年或5年的多次出入境签证。

具体申请步骤可登录新加坡移民与关卡局网站或向所在国

①参见http://www.edb.gov.sg/edb/sg/en_uk/index.html。

的新加坡使领馆进行查询。[①]

十一、社交访问证

持社交访问证者可在新加坡逗留长达6个月，以开拓商机、进行可行性研究或完成洽谈。在签证有效期，持有者可多次入境，不必逐次向当局重新申请。

有意在新加坡设立企业，并需要较长的逗留期，以开拓商机、进行可行性研究或完成洽谈者，都可申请这类签证。

十二、商业入境证

商业入境证专为准备在新加坡成立新公司，并将积极参与公司运作的企业家而置。商业入境证最初有效期为2年。在企业家提交可行的商业方案后，新加坡人力部门审批有关的商业入境证申请。商业入境证持有者也能申请让家人一同在新加坡居住。持有者也可多次入境新加坡，对经常进出新加坡的企业家非常方便。如果企业继续在新营业，企业家更可申请为商业入境证续期。

十三、注册公司

新加坡欢迎来自世界各地的商家，而且注册新公司的手续简便，甚至可在网上完成。所有的公司必须向新加坡会计与企业管制局注册。 这包括为外国公司进行业务的个人、机构或集团。有意在新加坡设立分行的外国企业必须在新加坡委任2名新加坡代理。代理必须是新加坡公民或永久居民，或者有就业准证或家属准证的外国人。一些行业，例如银行、保险和证券经

①参见http://www.ica.gov.sg/。

纪，在注册公司前需要申请特别准证。生产某些货品，例如雪茄和鞭炮，也必须事先申请特别牌照。

注册公司具体步骤，可登录新加坡政府网站进一步查阅。[①]

十四、政府优惠政策及计划

经济发展局有许多优惠政策和发展计划，以协助外商在新加坡投资或扩展业务。

表5-1 资金补助计划

计划	所获利益	奖励对象
创新发展计划（Innovation Development Scheme）	共同资助，以支持产品创新、加工与应用 可资助下列项目费用： 人力 设备和材料 专业服务 知识产权	从事产品、流程或应用程序创新的新加坡注册商业实体
企业研究奖励计划（Research Incentive Scheme for Companies）	共同资助，以支持成立研发中心、发展新科技方面的内部研发能力 可资助下列项目费用： 人力 设备和材料 专业服务 知识产权	进行研发活动的新加坡注册商业实体
新技能资助计划（Initiatives in New Technology）	共同资助，以支持在应用新技术、产业研发和专门知识过程中的人力资源发展	引进或开发新技能的新加坡注册商业实体

①参见http://www.business.gov.sg。

土地集约化免税额是专门推动工业用地集约化、利用土地实现更高效和更高增值的活动的计划。在2010年7月1日至2015年6月30日期间，可申请土地集约化免税额。获得免税额的企业在建造或装修/扩建合格的建筑时，符合津贴条件的投资额可以享有最初25%的免税额和每年5%的免税额。

表5–2　税收优惠计划

计划	所获利益	优惠对象
先锋（Pioneer）计划（制造业）	合格的制造业务收入一律免税	制造业
先锋（Pioneer）计划（服务业）（也可用于国际总部〔IHQ〕奖励）	合格的服务业务收入一律免税	服务业 全球总部（GHQ）
业务扩展奖励计划（也可用于国际总部〔IHQ〕奖励）	合格业务的新增收入可缴纳5%或10% 的减低税率	制造业 服务业 区域总部/国际总部（RHQ/IHQ） 知识产权中心
投资加计扣除计划	固定资本开支的30%或50%的额外加计扣除	制造业
批准的控股公司（仅适用于国际总部〔IHQ〕奖励）	持子公司至少50%股份超过18个月的控股公司，撤资时将可享有相等于资本收益的免税待遇	有控股能力的区域总部/国际总部（RHQ/IHQ）

续表

计划	所获利益	优惠对象
金融与资金管理中心（Finance & Treasury Centre）税收优惠	合格的服务及业务所获的费用、利息及其他收益可缴纳5%或10%的减低税率 金融与资金管理业务所偿还银行或关联公司的贷款利息可免预扣税	FTC
特许权使用费奖励计划	获取先进科技和知识所缴的特许权使用费可减免预扣税至0%或5%	制造业 知识产权中心
批准的外国贷款	购买生产设备的贷款利息可减免预扣税至0%，5%或10%	制造业
S19B收购知识产权的资产减值税计划	如果收购法律和经济类知识产权，可直接获得为期5年的资产减值税 如果只收购经济类知识产权，须经经济发展局批准	知识产权中心
S19C研发费用分摊的资产减值税计划	为期1年的研发费用分摊资产减值税	制造业 知识产权中心

有关此两项优惠的详细情况，可登录新加坡经济发展局网站进一步查阅。①

①参见http://www.edb.gov.sg/edb/sg/en_uk/index.html。

十五、政府奖励计划

新加坡政府制订了一系列的奖励措施，协助企业提高效率、加强营运能力和探索新商机。一些计划专为满足起步公司和新加坡企业需求而设，一些则针对需求较大的环球公司，例如在新加坡设立区域总部的跨国企业。

有关新加坡政府所推出的具体商业奖励措施，可浏览新加坡政府网站相关栏目。[①]相关税务优惠的法律条文，可浏览新加坡网上法令大全。[②]

十六、投资移民

如果投资者是有意在新加坡创业或投资的外国人，投资者及其直系亲属（配偶和21岁以下的未婚子女）都可申请成为新加坡永久居民。

投资者必须符合以下主要条件：

1．丰富、良好的经商经验；

2．成功的创业背景；

3．商业计划书或投资计划书。

在此计划下，投资者可以从以下3个投资方案中选择1个：

1．投资至少100万新元设立全新的业务，或者扩充现有业务。

2．投资至少150万新元设立全新的业务，或者扩充现有业务，或投资于经批准的“新加坡注册创业投资基金”。

3．投资至少200万新元设立全新的业务，或者扩充现有业务，或投资于经批准的“新加坡注册创业投资基金”。投资额

①参见http://www.business.gov.sg。

②参见http://statutes.agc.gov.sg。

的50%或以下可用于投资私人住宅。

投资者申请成为永久居民的步骤：

1. 呈交表格A和表格B。

通过网上申请系统，填妥表格A（个人情况表） 和表格B（投资提案）。

表格下载地址：http://www.sedb.com/etc/medialib/downloads/investors.Par.30455.File.dat/SGIP%20Application%20Form%202009.pdf

2. 将证明文件的打印本，邮寄至“联系新加坡”。

地址：250 North Bridge Road

#28-00 Raffles City Tower

Singapore 179101

有关详细情况，可进一步游览“联系新加坡”网站。[①]

第三节　可投资的主要产业群及相关信息

新加坡政府吸引和鼓励外商投资的主要产业有航空、化工、洁净能源、消费产品、电子、能源、工程、环境及水务、医疗、信息科技、休闲与时尚、物流及供应链管理、海洋事务及离岸工程、传媒、医疗技术、自然资源、石化与天然气及服务、制药及生物科学、精密工程、专业服务和电信业等。

一、 航空业

新加坡是亚洲最大的飞机维护、修理和翻修（MRO）的中

---

①参见http://www.contactsingapore.sg/。

心，并拥有备受赞誉的樟宜国际机场。该机场已累计荣获250多个奖项，并有80多家航空公司通过樟宜机场提供航空服务。

2008年2月举行的首届新加坡航空展，使新加坡成为世界三大国际性空展之一的东道主国家。航展期间的飞机和设备销售额也超过130亿美元。

1．多元化、高效率和具竞争力的航空产业群组。拥有100多家航天业公司的新加坡，已占了亚洲飞机维护、修理和翻修市场1/4的份额。新科宇航（ST Aerospace）、Goodrich等领先业者在新加坡提供完整的一条龙服务，包括机身维修、引擎检修、引擎部件修理、结构系统修理和航空电子设备修理。除此之外，越来越多的航空设计和制造业务也在新加坡进行。

在新加坡生产的航天成品包括发动机齿轮、阀门及机上厨房设备等。在研发方面，波音、EADS、普拉特·惠特尼公司（Pratt & Whitney）和劳斯莱斯这些国际公司都与新加坡科技研究局及研究学院合作，进行航天领域的研究项目。

2．世界级的综合性航空园区。除了拥有优良的网络和高效供应链等优势，新加坡还进一步增强其基础设施，促进未来的产业增长。占地约300公顷的实里达航空园（Seletar Aerospace Park），就向投资者发出有力信息，显示新加坡对宇航业发展的大力支持。这个专用园区实现了产业集群化，使不同的企业能够共享世界一流的基础设施。

3．实里达航空园区。实里达机场是在新加坡作为英国殖民地时期的1928年兴建的，1968年之前，它曾是英国的军事基地。

现在，实里达机场是一个供航空学校及私人飞机营业者运作的基地。目前有包括新科宇航（ST Aerospace）、Jet Aviation、福克服务亚洲公司（Fokker Services Asia）、霍克太平洋公司（Hawker Pacific）及瑞士Execujet航空公司等30家公司在那里营业。

这一具有历史意义的地标正在蜕化成为一个世界一流的宇航工业基地，全面适应新加坡和亚洲蓬勃发展的航空业需求。这个占地约300公顷的专用园区的发展蓝图包括：

几家国际著名的航空企业已经签约，以抓住这项难得的发展机会。普惠公司（Pratt and Whitney）正在实里达航空园区建设一个飞机维修厂。全球最大的第三方航空维修公司——新加坡公司新科宇航（ST Aerospace），已在实里达航空园区开设了新的飞机库，承接包括客货机转换等的飞机维修和改装工程。

世界主要飞机引擎制造商劳斯莱斯（Rolls-Royce）将在此设立亚洲首个大型飞机引擎工厂。在2008年2月19日，劳斯莱斯总裁约翰·罗斯爵士（Sir John Rose）在工厂的奠基仪式上表示，“未来我们在实里达航空园区的世界级工厂将打破运行效率和环境效率的界限，成为我们在亚洲的独特典范”。

设在全新的实里达航空园区的工厂未来将负责测试和组装分别供波音787“梦幻客机”和空客A350XWB宽体商用飞机使用的引擎，并发展和引进最先进的引擎装配技术。

选择落户实里达航空园区的公司，将享有与产业集群环境紧密联系的种种优势，包括规模经济效应和效率的提高。在一个紧密结合的航空业界环境里，进驻企业将与供应商、客户和合作伙伴共享园区的基础设施，便利的互通往来也将为企业与其他公司带来更大的合作空间。

二、化工业

近年来，随着亚洲经济体的迅速增长，市场对各种化学品的需求越来越多，从基本石化产品到专用化学品，以及具优异性能的先进材料，市场需求不断增加。作为世界领先的化工业中心，新加坡不断努力，积极把握亚洲市场对石油化工、先进材料和特种化学品的增长需求，保持自己在该行业的领先地位，并专注于发展具竞争力的石油化工原料和先进材料，及特种化学品。

新加坡已成为世界级的化工中心，不仅与终端市场有良好的连接性，也是深受投资者信赖的产业发展之地。

随着化工业发展进入新的增长阶段，新加坡的产业发展战略也转向两方面：一是通过发展具竞争力和多元化的原料选择，确保产业持续发展，并着力发展高附加值的先进材料和特种化学品；二是通过研发提升产品价值，满足不断变化的市场需求，攀上产业价值链。

新加坡的裕廊岛是世界排名前10位的石化中心，是化工产业发展的理想地点，适宜企业在此建立区域总部和管理业务活动，如制造、研发（R&D）、销售和供应链管理等。拥有“即插即用”基础设施的裕廊岛，给企业快速起步和提升业务提供了便利。共同管道、公用事业和化学物流服务使企业能充分享受规模经济和高效率带来的好处。今后，资源的优化和有效的排放管理也将是裕廊岛可持续性发展的一大优势。

到2011年，埃克森美孚和壳牌公司的新裂化厂将使新加坡的总乙烯产量从每年400万吨增至800万吨。

目前，已有1,000多家特种化工公司进驻新加坡，其中包括很多世界级大公司，如3M公司、德固赛（Evonik Degussa）、美国亨斯迈（Huntsman）和德国世创电子材料（Siltronic）。

埃克森美孚在不到10年的时间里，就在新加坡建立了它在亚洲最大的化学工厂。目前，它还在新加坡增建了一个世界级的蒸汽裂化厂，预期在2011年完工，届时将是埃克森美孚拥有和经营的最大的综合性石化和炼油基地。

日本三井化工公司正在扩展其在新加坡的发展规模。作为全球最大的化工公司之一，该公司投资1亿5,300万美元兴建第二座TAFMER™厂。TAFMER™是新一代的树脂改良材料，它重量轻、易加工，作为一种柔性树脂材料，能提高抗冲击性，可广泛应用于汽车保险杠等领域。在此之前的2006年，三井公司还在新加坡设立了其首家海外研发中心，该中心位于裕廊岛上的化学与工程科学学院（ICES）。

全球领先的特种化学品集团朗盛公司将投资4亿欧元在新加坡建设合成橡胶生产厂，从2011年起，新加坡生产基地的丁基橡胶产能将达到10万吨/年，满足全球丁基橡胶市场高速增长的需求。由于丁基橡胶的生产对技术水平和精密度有较高的要求，朗盛的投资也印证了新加坡的发展重心正逐步从初级产品向高附加值专用产品的转化。

世界著名的3M公司正在新加坡设立新厂，生产可应用于太阳能、建筑和电子产品等领域的薄膜涂层。预计工厂完工后，将能助3M公司更好地服务于快速增长的亚洲市场，加速其业务增长。此外，3M公司也计划在新加坡建立一个超级枢纽，致力于研发活动，向市场投放新的产品。

2008年3月，中国电力巨头华能集团成功收购淡马锡控股属下大士能源100%的股权，投资额高达42亿3,500万新元。

收购大士能源一年多后，2009年11月，华能集团在新加坡投资约20亿元的登布苏热电多联产项目（Tembusu Multi-Utilities Complex）奠基开工。该项目设在裕廊岛，包括热电厂、海水淡化和废水处理厂。华能集团总经理兼华能国际董事长曹培玺表示，投资新加坡是华能海外战略的重要组成部分，华能致力于在新加坡及周边地区的长远发展。登布苏项目是华能收购大士能源后对新加坡的重要后续投资。

2009年5月，中国石油天然气股份有限公司通过中国石油国际事业新加坡公司，与吉宝石油与天然气服务签署有条件协议，收购新加坡石油的全部股权。

2009年10月22日，新加坡石油公司（SPC）正式从新加坡交易所除牌，至此，中国石油完成了对新石油的全面收购。这是中国石油第一次在中国以外收购一家挂牌公司。

新加坡石油从事炼油和销售， 以及石油天然气探勘开采等业务。由于新加坡石油拥有新加坡炼油公司50%的股权，中国石油将通过子公司间接在新加坡拥有炼油厂。

中国石油表示，收购完成后，新加坡石油将成为中国石油国际战略的新平台，并将为公司打下更坚实的发展基础，开辟更广阔的发展道路。

三、 洁净能源

新加坡致力发展成为开发、制造及出口洁净能源产品的全球性中心。2009年，新加坡政府将洁净能源产业定位为新加坡经济的一个新的增长领域，并提供3亿5,000万新元的资金支持其发展。

基于身处热带阳光带的战略地位，新加坡的洁净能源产业发展以太阳能为中心。此外，洁净能源行业还包括生物燃料、风能、潮能、能源效率和碳排放交易等多个领域。截至2010年底，新加坡已吸引了包括挪威再生能源集团、挪威太阳能公司挪森，及丹麦风力轮机制造商维斯塔斯在内的多家业界领先企业前来投资。

四、消费产品

新加坡具备了开发、测试和推出新产品和概念的元素。身为多元文化的亚洲城市，新加坡成为亚洲区域的缩影。独一无二的商业环境吸引了全球顶尖的快速消费品（FMCG）公司，例如宝洁（Proctor & Gamble）、联合利华（Unilever）、强生（Johnson & Johnson）和吉百利史威（Cadbury Schweppes），都在新加坡设立了区域总部，同时以此为基地，为亚洲市场开发新产品。

新加坡在生物医药和工程研究方面经验丰富，拥有一支具备熟练技能的人员队伍，可进行知识密集型的生产工作和专门研发项目，不断推陈出新。强生公司在新加坡设立了实验室，在分子应用技术方面进行研究和临床试验。雀巢公司则在新加坡成立了亚洲、大洋洲和非洲的区域研发中心，针对烹饪材料、婴儿食品和麦芽饮料进行研究与开发。

日本日光化学（Nikko Chemicals）和蔗糖素生产商泰特莱尔（Tate & Lyle）在新加坡设立区域甚至全球生产基地。

新加坡在2007年被世界银行评选为全球最佳物流中枢。这与新加坡拥有世界级的基础设施、连接全球的发达网络，以及相关人员具备引领物流业发展、领先供应链管理理念等因素密不可分。全球25大第三方物流服务供应商（3PLs）都在新加坡设立了重要的业务中心，提供高增值和一体化的供应链服务。众多消费产品公司将新加坡视为区域和环球供应链管理中心。

五、电子业

电子业是支撑新加坡经济增长的主要行业，占新加坡制造业年增值的30.6%。在2009年180亿新元的固定资产投资中，电子产品占将近41.5%。电子业的就业人口也高达7万6,000人，约为制造业整体就业机会的19%。此外，电子产品的成品制造还促进了相关产业的发展，如精密零部件制造商、电子制造系统公司和物流服务提供商等。

2009年，电子制造业产值达639亿新元，占新加坡制造业2009年增值的30.6%，电子业就业人数达到7万6,209人。

新加坡有14家半导体晶圆制造厂、20家半导体组装与测试作业处、约40家集成电路设计中心，其中包括4家12英寸圆晶工厂、世界排名前三名的晶圆代工公司、3家世界前五的外包半导体封装测试公司，和9家世界排名前10的顶级无生产线集成电路设计公司。新加坡的晶圆代工出口占全球市场11.2%的份额。

新加坡拥有世界领先的企业硬盘驱动器制造公司，希捷及日立环球存储科技均在新加坡拥有庞大投资。新加坡也是主要的高清媒体生产地，约占全球高清媒体40%的市场份额。希捷、昭和电工、Hoya等著名公司正逐步扩大其在新加坡的业务。

世界排名前10的6家电子制造服务（EMS）公司已在新加坡开展业务，业务范围涵盖设计、高价值制造、供应链管理和区域管理，进驻新加坡的公司包括伟创力国际、新美亚公司、天弘集团、捷普科技公司及创业公司（Venture）等。著名的软件设计制造商（ODM）华硕、建兴和纬创，均在新加坡设立总部并开展研发活动。

六、能源业

自从1891年石油贸易开始以来，石油工业已成为新加坡经济不可分割的一部分。多年来，炼油业已成为石油工业发展的催化剂，它为化工业发展提供必不可少的原料，从而使新加坡化工业保持竞争力。今天，新加坡已成为亚洲无可争议的石油业枢纽，也是世界三大出口炼油中心之一。

裕廊岛的新加坡综合性能源化工中心为能源贸易和生产提供了便利。新加坡也正在兴建第一个液化天然气接收站，使能源的来源多元化，也可带动相关经济效益的增长。这些创新的基础设施解决方案对确保能源工业的持续增长和竞争力至关重要。

七、工程业

亚洲和中东经济体的飞速增长带动了能源、成品油、化学制品和消费品需求，促进了支持新投资项目的工程服务业发展。此外，随着人们对气候变化问题越来越重视，新加坡致力于发展高效、永续的环境解决方案。

如今，很多全球领先的工程公司选择在新加坡落脚，其中包括：阿鲁普公司、雅各布工程、凯洛格·布朗·路特集团、福陆公司、西图集团、沃利帕森斯、西比埃鲁玛斯公司、福斯特惠勒、日本横河集团、艾默生、罗克韦尔自动化公司和美施威尔。这些公司的业务范围涵盖了不同产业群，如石化和生物医学的前端工程设计、咨询、系统开发，以及项目及施工管理。

全球排名前10名的控制及自动化公司中的9家已在新加坡发展业务，把新加坡作为他们在亚洲重要的加工控制中心。

越来越多的全球工程设计公司进驻新加坡，最近，美施威尔把其全球总部迁到新加坡，以更好地接触中国、欧洲和美国市场。这也是第一家把全球总部设在新加坡的德国工程设计公司。

八、环境及水务业

环境污染和缺乏洁净水是当今世界面临的最紧迫挑战，在拥有近30亿人口，且城市生活极度拥挤的亚洲，这个问题尤为严峻。然而，这也给环境及水务业带来了广阔机遇。

经历了20世纪60年代的水配给时代，新加坡加大了对水管理和处理能力的相关研究，及相关技术开发的投资，并成功地将弱点转为强项。经过40多年的发展，新加坡建立起规模庞大且技术先进的环保产业，并建立了多元化的可持续性供水系统，即“国家四大水喉”—— 集水区的水源、进口食水、新生水和淡化海水。

随着全球对水及环境问题的关注度提升，新加坡致力于发展成为该行业的领导者、发展研发基地，并提供水问题的解决方案。今后10年，新加坡的目标是为全球百分之三的水市场提供技术和产品。

由新加坡公用事业局（PUB）和经济发展局共同领导的环境及水务业发展理事会（EWI）的主要目标包括：吸引更多公司来新加坡开展业务，发展新加坡环境公司，鼓励更多企业及研究机构开发先进的环境与水务技术，并继续向发展中市场（尤其是中东和中国）推进新加坡的环境及水处理业务。

对于有意进军本区域市场的环境与水务公司而言，新加坡无疑是个理想的跳板。新加坡已成功吸引美国公司通用电气、博莱克·威奇，马蒙水务公司以及颇尔，日本日东电工以及东丽株式会社，德国西门子及法国威立雅等全球大企业。

新加坡国际水资源周。作为环球水源问题寻找解决方案的平台和研发基地，新加坡深具汇聚全球智力资本的条件。一年一度的新加坡国际水务周就是这样的一个活动。它是一个提供水务方案的国际平台，把决策者、业界领袖、专家和从业者召集在一起，共同商讨挑战先进技术和新的商机。第3届新加坡国际水资源周在2010年6月28日到7月2日举行，主题为“可持续城市——洁净和经济的水”，水资源周与一年两次的世界城市峰会一起举办。这次活动吸引了超过14,000多名代表和贸易参观者，交易总额超过28亿新元。

九、医疗业

新加坡拥有亚洲最优质的医疗保健体系，全球排名第六（世界卫生组织，2000年）。

新加坡连续两年（2007年、2008年）被《旅游周刊》（亚洲）评选为最佳医疗/保健旅游目的地。

国际联合委员会（JCI）将其亚太区总部设在新加坡。新加坡的10家医院和3家医疗中心已获国际联合委员会认可。

一些国际著名医疗机构的区域秘书处都设在新加坡，如世界家庭医生组织（WONCA）和国际糖尿病联合会（IDF）。医疗保健信息和管理系统协会（HIMSS）也将其亚太区办公室设在新加坡。

在2006年，新加坡一流的医疗保健设施吸引了超过40多万名外国病患到新治疗。随着健康意识的提高、人均寿命的延长以及区域经济环境的改善，这种需求可能还会增加。

新加坡医疗保健机构和众多医疗技术和制药公司之间合作密切，为企业提供了最佳平台，进军成长迅速的亚太医疗保健市场。

尤其值得注意的是，新加坡正在为医疗保健业者开发“未来医院”和“未来家庭护理”等平台。这些平台使医疗保健业者得以与其他行业的企业（如IT、医疗设备、药品、营养和时尚生活消费业者）共同开发测试新产品和新商业模式。新加坡在基本生物医学研究和平动临床实验方面也已有坚实的基础，再加上新加坡可以说是亚洲的微观代表，这是其向区域和全球市场推出新型医疗方案和系统的理想开发和试验平台。

十、信息科技业

新加坡的信息科技业（IT）充分把握数码时代的新商机。作为IT行业的先驱，新加坡的网络支持度在世界经济论坛《全球资讯科技报告2009/2010》中名列全球第二位，并居亚洲第一。

除了优良的基础设施外，完善的知识产权保护制度、良好的物流网络及对全球人才的吸引力，也是众多IT公司选择新加坡的重要因素。目前，已有超过80家国际IT软件和服务公司进驻新加坡。

第二代互联网革命创造了新一代的网络应用软件，进而改变了商业和通讯模式。新加坡及时抓住了新一代网络革命的脉搏，以互联网为基础致力于为全球市场提供服务。

新加坡拥有大量先进的硬件、软件、IT服务和互联网公司，为IT业的发展和全球合作建立了坚实基础。与此同时，新加坡是企业策划环球业务增长的上佳地点，为企业区域总部的设立、研发活动的开展和商务发展计划的执行等提供有利条件。

随着亚洲经济高速发展，新加坡在区域内的战略性地理位置为企业提供了发展优势。同时，国际化和种族多元化的社会环境也吸引了大量海外人才到新加坡谋求发展机会，从而为新加坡的进一步快速发展注入新的活力和前沿知识。

在全球百强软件和IT服务公司中，已有80多家公司在新加坡开展业务。包括全球首15大软件公司在内的很多国际公司，将其区域或亚太总部设在新加坡。

世界领先的软件即服务应用软件供应商Salesfore.com，是新加坡在吸引投资、知识密集型IT服务方面成功运作的有力证明。在把新加坡作为其亚太区总部所在地仅一年后，Salesfore.com又决定在此设立其首家国际数据中心。此外，Salesfore.com还建立了网络操作中心，对核心企业信息进行全天候管理。

雅虎将其全球新兴市场业务的总部设立在新加坡。雅虎可以以新加坡为基地统筹东南亚、中东、东欧、非洲及拉丁美洲市场的发展，并带领以上市场的新一代手机和网络产品的开发。

惠普（HP）的“企业存储设备与伺服器”（ESS）团队把新加坡作为其核心业务系统、行业标准伺服器和存储设备的全球和区域生产基地，特别是一些高混合产品，如惠普的高端伺服器Superdome和 NonStop系统等。利用新加坡的物流管理能力、世界级的物流设施及新加坡与周边区域的电子业制造服务，惠普的ESS小组致力于发展基础模型制造、配置订购等业务。

惠普（HP）是全球最大的科技公司，为个人和企业消费者提供打印、个人电脑设备和IT服务，以及软件与技术解决方案。惠普的亚太区总部设在新加坡，共有6,000名员工，是新加坡最大的电子产品制造商之一。该公司在新加坡的业务包括研发、制造、物流管理、区域共享服务和营销。

2000年，全球领先之一的数据安全解决方案提供商握奇数据公司（Watchdata）在新加坡设立首个海外分公司。如今，新加坡已成为握奇的国际总部所在地，名列握奇10大国际市场之首。

2008年10月，握奇为新加坡陆路交通管理局（LTA）开发出符合“免接触式电子钱包应用标准”（简称CEPAS）的新易通卡（ezLink），这是全球智能卡供应商完全通过CEPAS标准的第一例。握奇还与新加坡人民协会等机构合作，在2009年11月推出了“人协百胜易通卡”（PAssion EZ-Link Card）。这张卡同样也符合CEPAS标准，让新加坡朝“无现金社会”再向前迈进一步。

截至2011年，握奇已为新加坡提供符合CEPAS标准的智能卡逾1,100万张，加速了新加坡的“无现金社会”进程。握奇也已将业务扩展到了全球40多个国家。它专注于数据安全与认证技术、智能卡及相关产品的研发，为不同领域提供高效、高性能、灵活的数据安全解决方案。

十一、休闲与时尚业

新加坡作为朝气蓬勃的国际大都会，成为亚太地区的主要旅游枢纽，并且不断推出许多精彩的发展项目。综合娱乐城即将落成，零售业将有一番新气象，而多个知名品牌的商店已在新加坡设立旗舰店。此外，新加坡常年都有精彩的生活休闲和体育活动。新加坡因此能给商家在将产品推向亚洲市场之前提供测试新产品和概念的机会。

新加坡在2007年被世界银行评选为全球最佳物流中枢。新加坡拥有世界级的基础设施、卓越的全球交通运输连通性、引领物流业的发展趋势，以及提供顶尖的供应链管理。全球25个最大的第三方物流服务供应商（3PLs）在新加坡设有显著业务，给予高增值和一体化的供应链服务。全球最大豪华品公司LVMH集团旗下的香水与化妆品公司和全球第一洋酒集团帝亚吉欧（Diageo），都在新加坡设立区域分销中心，以服务亚太市场和提供共用服务。

国际连锁酒店如希尔顿（Hilton）、喜达屋（Starwood）和洲际（Inter Continental）早在新加坡设立亚太区总部。新加坡作为人才培养基地，正成为欲在亚太区扩充业务的酒店集团的理想基地。全球最顶尖的招待业管理学院已经在新加坡设立亚洲校园，或者与新加坡的学府联办课程。它们包括欧洲工商管理学院（INSEAD）、内华达拉斯维加斯大学和康乃尔—南洋酒店管理学院。

全球15大豪华奢侈公司当中，有7家选择在新加坡设立区域总部，包括：LVMH集团、历峰集团（Richemont）、爱马仕（Hermes）和劳力士（Rolex）等。

全球15大连锁酒店集团当中，有9家在新加坡设立区域总部，包括：喜达屋（Starwood）、希尔顿（Hilton）、阿联酋的Jumeirah集团、四季（Four Seasons）酒店、洲际（Inter Continental）酒店集团、雅高（Accor）和万豪国际俱乐部（Marriott Vacation Club International）等。

2009年7月，中国最大的体育用品零售商——李宁体育用品有限公司在新加坡设立的旗舰店正式开业。公司同时宣布在新加坡设立东盟区域总部，为开拓羽球区域市场打头阵，并在发展品牌及拓展国际零售业务方面扮演重要的角色。

位于ION Orchard 商场内的李宁旗舰店是公司全球首家羽毛球概念店，也是李宁树立国际品牌形象、洞察消费者习惯、拓展海外发展计划的重要组成部分。李宁公司执行董事／首席财务官钟奕祺表示，公司希望以新加坡作为通往东南亚市场的大门，因此在新加坡设立中国以外的首个旗舰店，也作为公司东亚区产品分销商设立旗舰店的模范标准。

十二、物流及供应链管理

随着燃料价格上涨，商业模式不断变化，及对可靠物流解决方案与日俱增的需求，全球物流业日趋复杂。此外，随着对亚洲业务的开展，跨国公司也在研究本区域复杂的物流网络。

具战略性的地理位置，及世界一流的物流与供应链运作和管理，使新加坡有能力为企业的全球业务发展提供全面的服务配套。

全球第三方物流公司（3PLs）25强中有21家以新加坡为基地，其中多数都把亚洲总部设在新加坡，使得新加坡有能力提供最好的物流配套服务。在新加坡设立区域分销中心的企业包括：惠普（HP）、路易威登（LV）、恒忆公司（Numonyx）、罗氏诊断（Roche Diagnostics）和先灵葆雅（Schering-Plough）。

世界级的基础设施和无可比拟的联系网络，让新加坡成为各行业首选的物流及供应链管理中心。

除了基础和专业设施外，新加坡也建立了广泛的全球物流网络。新加坡拥有世界最繁忙的集装箱转口港地位，200家船务公司把新加坡与123个国家的600个港口连接起来。单在2007年，新加坡就处理了超过2700万个标准集装箱（TEUs）。

新加坡已成为生物医学、化工和石油等重点产业进行制造和贸易活动的国际平台，这也给全球第三方物流公司（3PLs）针对特定行业提供专业方案的机会。孚宝集团（Vopak）在裕廊岛投资建设的石油码头就专门服务于全球石化巨头。TNT集团区域最大的生命科学快递中心则提供了冷冻供应链管理和对区域市场24小时内的交付能力。新加坡本地公司讯通配运（CWT），也为化学品和危险材料提供特别的处理和仓储服务。

全球领先的快递和物流公司敦豪速递（DHL），在新加坡经济发展局（EDB）的协助下成立了卓越供应链中心（SCCE）。这一中心设立的目标是，利用DHL在综合供应链管理方面的专业知识，为跨国公司开发、测试并推广供应链方案，加强新加坡作为区域物流枢纽的地位。

十三、海洋事务及离岸工程

无论在北海、墨西哥湾还是中东，都很可能正在使用由新加坡的公司设计或制造的开采近海石油和天然气的升降式钻油台（jack-up rig）。新加坡是全球石油和天然气钻探及近海辅助船舶市场的领头羊。新加坡的大型公司例如吉宝企业（Keppel）和胜科工业（Sembcorp）在全球也赫赫有名。

现在，新加坡已是全球最大的升降式钻油台（jack-up rig）制造商，并占有全球70%的市场。它还持有全球浮式生产储卸油装置（FPSO）改装作业70%的市场占有率，及全球船舶修理市场20%的份额。

受石油和天然气价格高涨及船龄逐年上升影响，海事与近海工程业近年来表现红火。在这方面，新加坡以始终如一的高品质和交付准时而闻名。与海事业相关的专业服务公司，例如提供分类服务、海事法律和保险服务，及近海支援服务的公司也陆续在新加坡扎根发展。此外，新加坡海事业的发展也受益于稳定的政治环境、高效的供应链及良好的精密工程基础设施。2007年，海事与近海工程业产值增至130亿元。

随着全球市场规模不断扩大，新加坡力争优化已有的竞争优势，巩固新加坡作为海事和近海工程业中心的地位。这将吸引具卓越专业知识的公司，引导并拉动整个价值链相关的投资和资源，使产业价值链从世界一流的船厂延伸到提供海洋工程架构和技术能力、组件生产及供应、分类服务、综合海事系统和研发活动的实体。

跨国企业瑞典的伯尔格公司（Berg Propulsion）是全球领先的可调螺距螺旋桨制造商，2008年5月，该公司选择在新加坡大士建造新的工厂，是其在海外的第一家工厂，也是东南亚首家此类工厂。伯尔格公司主席说："新加坡的市场环境非常有利，质量信誉良好，并有充足可用的人力资本，正是伯尔格公司业务发展的适宜之地。"

新加坡吉宝企业（Keppel）是近海和海事业的领先业者，是全球最大的升降式钻油台（jack-up rigs）设计和生产企业，并在过去10年中完成了数量最多的升降式钻油台订单。它也是全球浮式生产储卸油装置（FPSO）及浮式储卸油装置转换作业公司的领先业者。此外，吉宝还是领先的船舶修理业者，为液化天然气和液化石油气航运公司提供包括专门的转换业务和生产等服务。吉宝的总部设在新加坡，20座船厂遍布亚太地区、墨西哥湾、巴西、里海、中东和北海地区。

十四、传媒业

新加坡的传媒业一直表现强劲，在1995年至2005年间取得9.0%的复合增长率（CAGR）。2005年，传媒业贡献了49亿新元的总增值（VA）和182亿新元的收入，行业雇员达53,000人。新加坡传媒业由多个产业构成，包括电视广播制作、出版印刷、电影、音乐，及互动数码媒体等。

新加坡的动画和游戏产业增长迅速。许多领先的数码媒体公司已陆续进驻，其中包括日本电玩公司光荣、卢卡斯电影公司、艺电和欧洲最大游戏工作室Ubisoft。一些新加坡当地公司，如电玩游戏设计公司Mikoishi、桃源媒体（Peach Blossom Media）和新科电子（数码媒体），也纷纷制作可供出口的原创内容，并与国际分销商建立起战略性伙伴关系。

新加坡与区域市场紧密联系，而亚洲市场对数码媒体娱乐产品需求量庞大。作为一个环球化都市、城市化的亚洲城市国家，它拥有东西方文化交汇下的独特平台。政府还制定了专门政策，吸引和留住来自世界各地的人才，为进军当地的企业打造一个创意人才的“大熔炉”。

自20世纪90年代，新加坡已经吸引了很多全球性广播公司入驻。现在，已有多家新闻频道从当地向他们的区域受众播送节目，其中包括英国广播公司、美国全国广播公司亚太财经频道等。

在2007年12月，美国Technicolor数码电影宣布获得资讯通信发展管理局（IDA）支持，在新加坡设立数码电影枢纽和网络营运中心。这是Technicolor首次在亚洲的数码电影枢纽和网络营运中心项目。该计划将为当地与亚太区的电影工业提供数码电影服务和相关的管理方案。而仅在一个月前，淡马锡理工学院开设了亚洲第一所互动数码中心，进行行业内最先进的三维创新技术研究和实验室项目开发、培训。

十五、医疗技术

新加坡与区域主要市场拥有良好的联系网络，7小时内即可飞抵。此外，新加坡融汇世界都市文化，为亚洲最宜居城市，吸引了世界各地的人才汇聚在此。超过10家世界顶级的医疗技术企业选择在这里建立其亚太区总部，其中包括：爱尔康、波士顿科学公司、爱德华生命科学公司、强生公司、罗氏诊断、西门子医疗系统和捷迈公司。

新加坡对于世界顶尖的科学和商业人才有着强烈的吸引力。很多科学界的领军人物来到新加坡，领导这里的研究机构、财团和实验室。到2007年，新加坡已拥有2,000多名来自世界各地的世界著名研究人员。

医疗技术公司也可以与医院合作进行新系统和解决方案的测试。作为亚洲社会的微观代表，新加坡是企业为区域乃至全球市场开发新方案、新系统的理想试验平台。

很多全球医疗设备大公司在新加坡投资开展研发活动，其中包括：美国Fluidigm公司和屹龙国际有限公司选择新加坡作为其亚洲首家研发中心所在地，分别研发在医院使用的仪器和电子系统。

截至2011年初，已有30家国际级医疗科技企业在新加坡投资兴建了商业规模的工厂，开发并生产各种医疗产品，如隐形眼镜、科学分析设备、植入物、注射器、支架、导管、助听器及研究设备。新加坡在研究和诊断设备方面，走在世界前列。全球70%的微阵列和50%的聚合酶链式反应器械都是在新加坡生产。

在新加坡设有大规模生产设施的大型医疗科技企业包括昂飞公司、百特国际有限公司、Becton Dickinson公司、伯乐生命医学产品有限公司、Biosensors、视康、爱德华生命科学公司、Fluidigm公司、JMS公司、MDS Sciex、珀金埃尔默、西门子医疗系统、沃特世和西氏医药服务沃特世和捷迈公司。

十六、石化与天然气设备及服务

受新加坡当地企业成功发展的鼓舞，很多大型跨国石油天然气设备公司——如哈里伯顿（Halliburton）、斯伦贝谢（Schlumberger）、Proclad等逐渐进驻新加坡，并开始在当地生产诸如钻头、井口及井下生产设备等复杂组件。

2006年9月，世界最大的油田技术服务公司斯伦贝谢（Schlumberger）在新加坡投资建设了新的生产设施，研发更具挑战性的深水提取碳氢化合物技术。

来自科威特的PROCLAD集团在新加坡投资了4,000万美元，设立了制造石油工业仪器，包括输油管的生产线。经济发展局一直以来都积极开拓新加坡石油和天然气工业的研发水平，其中就包括深海探油以及开采的技术。而PROCLAD集团在新加坡的投资来得正是时候。

为进一步吸引石油天然气业者，新加坡还将在新开展业务的石油企业所得税调低了50%。

新加坡拥有世界升降式钻井平台70%的市场、浮式生产储油卸油船（FPSO）70%的市场，及全球船舶修理业务20%的市场。

新加坡是世界排名前三的炼油中心之一，在环球油田设备制造和服务方面也享有领先地位。

十七、制药及生物科学业

启奥生物医药研究园（Biopolis）印证了新加坡研发活动的成功，是生物医疗公共研究机构及实验室的所在之地，旨在促进各组织和机构的合作。研究人员能够利用各种最先进的科学设施与服务，使企业降低研发成本，缩短研发时间。此外，研究园还配套了各种可供企业使用的会议设施。

研究园内设有咖啡店、商店等各种服务设施，营造出“工作、生活、娱乐”一体化的环境，利于研究人员交流思想。占地26万多平方米的空间供生物医学研发使用。

已有11家世界顶级的制药和生物技术公司在新加坡投资建

设了超过25个大规模生产基地，这些公司包括：雅培、阿尔康基因、葛兰素史克公司、龙沙、药剂制造商默克、诺华、辉瑞公司、赛诺菲-安万特公司、先灵葆雅和惠氏。这些生产基地获美国和欧洲的监管机构验证，为全球市场生产新药物。

新加坡提供卓越的知识产权保障、先进的基础设施和熟练的工作团队，有效地推动了研发活动，也为新产品的大规模生产提供了便利。

此外，新加坡稳定的政治环境，保证了跨国公司高资本投资的长期回报。政府已预留了360公顷的专用土地——大士生物医药园（TBP），用于制药和生物制剂业发展。园区配备了全套基础设施，如道路、排水系统、供电供水和电信线路，提供了“即插即用”的优良环境，使生物医学企业可以在最短的时间内在这里设立其生产基地。此外，企业还可以共享这里的蒸汽、天然气、冷却水和废物处理等第三方公用事业和服务。

十八、精密工程业

新加坡精密工程业的发展始于20世纪70年代，以支持最初的制造业投资。目前，该行业已发展到拥有约2700家精密工程业公司，当中既有中小型企业，也有大型跨国公司。新加坡也成为许多公司的区域总部和研发中心。

新加坡的精密工程业涵盖了从承包制造商到全面解决方案供应商（例如具有设计、原型测试、生产和供应链管理能力）等各类公司。精密工程业所具备的独特优势是新加坡能在航空航天、半导体设备、石油与天然气设备等领域取得全球领先地位与种种成就的关键之一。

精密工程业是很多行业——包括综合设备、航海、航空航天、石油与天然气及医疗设备等的核心推动产业。它是设计制造综合性机械与精密部件的关键技术，从最小的人工机械心瓣中的半导体晶片、坚固的深海勘探钻头，到复杂的飞机引擎，无不借助于精密工程业。新加坡精密工程业已取得长足发展，例如持有制冷压缩机的全球市场的10%，助听器市场的30%，及半导体引线焊接机市场的70%。新加坡也是亚洲领先的石油与天然气设备的生产基地，以及航空航天维护、修理和大修基地。

新加坡精密工程业已从简单的承包制造商蜕变成为提供全面解决方案的供应商，并拥有强大的设计、原型测试、生产和供应链管理能力。而政府提供的供应商发展计划，旨在鼓励供应商公司提高他们的业务能力并与大型公司建立业务联系，并促使半导体设备、航空、医疗技术和电子等领域的原始设备制造商与承包制造商、供应商建立业务关系。因此，在拥有2700家精密工程业公司的基础上，新加坡能够提供广泛的产品和服务。

新加坡精密工程业的独特优势，成就了其在全球的领先地位。新加坡已持有全球后端半导体设备10%的市场占有率。此外，新加坡精密工程业的强大技术也吸引了全球十大晶圆制造设备公司中的9家公司向新加坡供应商进行大型采购。

十九、电信业

新加坡具有非常广泛的国际联系，拥有世界一流的电信网络。对力图进军本区域市场的电信和网络公司而言，新加坡是一个理想的跳板。

新加坡电信业已获良好整合，因此，包括资讯通信产品开发和网络设备提供商、电信运营商、数据中心和应用软件开发商在内的各类电信公司都以此为发展基地。它们的业务范围从设立总部、研发、产业设计、供应链管理，到制造、测试及应用软件开发，不一而足。

除了群组中的协同配合，设在新加坡的电信公司也可以借助新加坡世界级的人才、优良的基础设施及国际连通性，为全球市场开发提供通信业务方案。

在今天高度全球化、相互依存的世界里，快速、高效、安全的资讯通信网络是不可或缺的。率先采用了众多信息新技术的新加坡计划继续提升资讯通信基础设施。

新加坡是全球性电缆传输枢纽，海底电缆网络的传输速率达每秒28太拉位元（28 Tbps），国际互联网连接的传输速率高达25千兆位元（25 Gbps）。

全球著名的电信业者阿尔卡特—朗讯（Alcatel-Lucent）选择在新加坡建立亚太地区先进的新型互联网协议（IP）网络转型中心（IPTC），该中心成立于2007年，投资超过4000万美元，还配备了80多名专家和专业人员，是亚太区首个大规模的IP网络转型中心。

第四节　寻找理想的商用设施

欲在新加坡进行投资的企业可以选择的经营地点种类繁多。厂房种类包括待建空地、已落成的低层和高层建筑、工场和仓库。还有由政府负责管理的商业园和特殊工业园。

无论您想寻找一个“即搬即用”的工业设施，或者是豪华的写字楼，或者您想要租用一个古色古香的店屋经营精品业务，新加坡的多种选择都可满足您的需求。

新加坡为企业提供了种类繁多的商用设施。无论是古迹保留区内的三层楼店屋，或者高耸入云的写字楼，您一定能找到适合企业的一片天地。

您也可在新加坡或邻近国家找到设施完善、由新加坡开发和设立的商业园和特殊工业园。

一、商业园

新加坡的商业园主要有国际商业园、樟宜商业园和资讯园。

国际商业园。位于裕廊的国际商业园是新加坡的首个商业园区，1992年开始启用，占地约25公顷。这个高科技工业发展区吸引了不少科技公司入驻，包括创新科技、戴尔（DELL）和宏基（Acer）等公司。

2009年金融危机之后，为迎接新的经济复苏，裕廊集团决定进一步扩大园区面积，园区面积将增加20%，为经济复苏后的办公楼需求做好准备。

裕廊集团发表文告说，扩大商业园是为了稳定投资及吸引主要公司入驻，为下一轮经济增长奠定基础。当经济复苏时，商业园的需求将激增，现有园区面积将不足以应付需求。为满足投资者的需要，裕廊集团须事先为土地供应做好准备。

扩充国际商业园也是2010年公布的裕廊湖区发展蓝图计划的其中项目。裕廊东地铁站周围的裕廊商业区（Jurong Gateway）以办公楼和零售商场为主，这将和商业园的办公楼相辅相成，巩固和发展裕廊作为区域商业中心的基础。

为改善商业园的交通，园内将开辟新路及出口，让商业园与两条高速公路连接起来。新路段将从商业园通往文礼大道，方便驾车者直达泛岛高速公路（PIE），缩短行驶时间。位于裕廊大会堂路（Jurong Town Hall Road）的园区新出入口，则让车辆通往亚逸拉惹高速公路（AYE）。

配合裕廊湖区发展，国际商业园南部隔着亚逸拉惹高速公路的德曼花园、班丹花园组屋区和花柏台、花柏岭（Faber Hills）也将兴建更多组屋和私人住宅，部分单位将依乌鲁班丹河（Sungei Ulu Pandan）而建。

樟宜商业园。樟宜商业园位于新加坡东部，在樟宜南区，始建于1997年，占地66公顷。是裕廊集团的第二个商业园。该商业园主要是为了满足知识密集型产业、软件开发与其他高科技活动的公司的需要而兴建的。樟宜商业园紧邻樟宜机场，充分享受国际航空枢纽所带来的各种交通便利。

樟宜商业园同时也紧邻新加坡博览中心，这是东南亚最大的一个博览中心。从园区到达博览中心区有多种快捷的交通设施。

投资者可以从裕廊集团租用土地以构建适合自己要求的设施。

随着樟宜商业园的发展，后来又注入消闲、娱乐、餐饮等新的元素，给商业园带来更多活力。

裕廊集团总裁张力昌2009年4月曾表示有意为樟宜商业园注入“白色用途”元素，并检讨樟宜商业园的发展蓝图。

按照新的发展蓝图，樟宜商业园将设定两个活动中心。

第一个活动中心位于商业园南部，与新加坡博览中心的部分设施互相结合。这个活动中心将是一个多用途的设施中心，由展览厅、会议中心、商店、餐饮设施、酒店、娱乐中心和支援办公室组成。一个购物廊道将把这些服务联系起来，借以促进参观者、讲师、教师、学生和附近居民之间的交流活动。

第二个活动中心是位于商业园的北部，一个园景绿色地带将把商业园现有的园景区，与新南威尔斯大学校园及研究所连接起来。小型餐饮店将沿着园景绿色地带设立，塑造一个令人能够放松心情的环境，让学生、学者、研究人员一起交流和分享心得。

由于地点靠近机场，并且方便接达中央商业区，樟宜商业园吸引了不少世界主要的软件设计和开发公司、高科技与知识密集产业公司落户，包括国际商业机器（IBM）、霍尼韦尔（Honeywell）等。

裕廊集团在商业园内发展的首个多租户建筑物是The Signature，在2003年3月落成，租户包括瑞士信贷（Credit Suisse）、卢卡斯电影动画（Lucas Film Animation）等。

樟宜商业园正迅速成为金融机构后勤业务的大本营。花旗银行、星展银行、瑞信银行和渣打银行都成了大租户，在那里兴建量身定制的办公楼。

花旗银行的后勤业务已经迁至樟宜商业园，一、二期工程全部完工后，在那里的员工总数将达到4000多人。

二、特殊工业园

新加坡辟有多个功能各异、适于不同类型投资者的特殊工业园。石油化学类主要在裕廊岛；晶圆厂房在淡滨尼、巴西立和平兀兰；先进显示器工业园在淡滨尼；生物医学类有大士生物医药园和生物科技园；物流方面有樟宜机场物流园和裕廊岛化工物流园；食品方面有麦波申和大士等。

三、海外工业园

新加坡设在海外的工业园主要有峇淡印尼工业园、民丹岛工业园和越南新加坡工业园。

四、科技企业家园

新加坡现有4个科技企业家园，它们分别是裕廊东的企业家园、新加坡科学园的iAxil、红山—新达城科技企业家中心和菜市科技园。

第五节 新加坡相关投资管理机构简介①

一、新加坡经济发展局②

经济发展局是隶属于贸工部的法定机构，负责策划和实施商业与投资策略，以加强新加坡作为经商、投资及人才聚集的环球枢纽这一优势地位。

使命。使新加坡国内生产总值获得可持续性增长，为居民创造良好的就业机会。

引领商机。为投资者和企业作出构想和设计，并提供解决方案以创造价值，藉此吸引更多商机，创造优良的就业机会，增强新加坡未来的经济竞争力。

吸引海外投资。为新加坡及海外投资者提供一站式的服务，使之在制造业和服务业领域寻求更高增值、获得更高的永续回报和新的商机。

改善商业环境。在与投资者互动、吸引投资的同时，也向其他政府机构提供反馈意见，确保基础设施和公共服务保持高

①参见http://www.16visa.com/cn/Singapore/show.aspx?typeid=77。

②参见http://www.edb.gov.sg/。

效和成本上的竞争力。这有助于保证新加坡持续拥有最优质的亲商环境。

环宇·新加坡。环宇·新加坡是把新加坡和世界连接起来的一个新的增长方式，以“诚信”、“新知”、“联系”和“生活”为基础。新加坡之所以成为全球企业的选择，是因为其具有独特的竞争优势，其中包括：高效的政府治理、与本区域经济体的紧密联系、充足的人才储备、优良的基础设施和鼓励创新的环境。

环宇·新加坡是营造世界一流营商环境的基石，它能够确保新加坡经济的可持续性增长，也有助于新加坡的政治经济稳定。因为只有当各种因素都有利于业务增长时，投资者才会选择在新加坡进行高资本商业活动。

未来·新加坡的概念。未来·新加坡的概念始于对新兴市场、新技术、商业远景及全球趋势的详尽分析。新加坡将引领未来发展方向，未来也将属于新加坡。这意味着需要更多新的创意和产品、新的服务和技术，也涉及引进更多的人才、资金和企业，共同创造新加坡的未来。

二、新加坡金融管理局①

新加坡金融管理局是新加坡之中央银行，成立于1971年，其职能包含了从银行至财经等诸多金融功能。随着新加坡的持续发展，越来越复杂的银行业务与金融环境迫使国家改革其金融机能，使其能有更多的发展动力与一致性的金融政策。因此于1970年，国会通过《新加坡金融管理局法案》，金融管理局于1971年1月1日宣告成立。该法案赋予金融管理局有权管理新

①参见http://www.mas.gov.sg/。

加坡所有金融、银行与财经方面有关的事务。金融管理局也被赋予制订有关银行乃至于政府财政部门管理条例的权力，它也受委托提升金融的稳定度；制订信用与汇兑政策并促使经济的成长。然而，它并不是美国联邦储备系统或英格兰银行那样的中央银行，新加坡金融管理局并不透过控制利率升降进而影响市场的流动来控管金融。相反的，它是利用货币汇兑机制，在新加坡货币市场中间进行控管。在1977年4月，政府决定引进“工业保险”管理，将其并列于金融管理局的同级架构。其管理功能依据《工业安全法（1973）》，并于1984年9月转入金融管理局体系。金融管理局现在掌管许多规则的制定，包括货币、银行体系、保险、安全与每一个财经部门。2002年10月1日，金融管理局合并了货币专员委员会，金融管理局因此具备了发行货币的权力。

三、新加坡交易所

新加坡交易所（SGX）成立于1999年12月，是由前新加坡股票交易所（SES）和前新加坡国际金融交易所（SIMEX）合并而成的。新加坡交易所证券市场的交易活动由其属下的两家子企业——新加坡证券交易有限企业和中央托收私人有限企业共同负责管理。新加坡交易所已于2000年11月23日成为亚太地区首家通过公开募股和私募配售方式上市的交易所。

新加坡证券交易所也是全亚洲首家实现全电子化及无场地交易的证券交易所。它致力于为企业和投资者提供健全、透明和高效的交易场所，帮助他们实现集资和投资的目标。这些年来，它建立并营造了一个活跃高效的交易市场，以一流的证券交易所而著称于亚太地区。

新加坡交易所截至2005年末已有665家挂牌上市企业，总市值约4313亿新元。这些企业涵盖了各个行业，包括制造、金融、商贸、地产、服务等。其中制造业（含电子业）所占比例较高，达40%。

新加坡交易所是一个区域性交易所，它吸引了来自20多个国家和地区的企业在这里挂牌上市。截至2005年末，外国企业占了总上市公司的34%（约231家），其中中国大陆、香港及中国台湾地区的企业共158家。外国企业大部分是以新加坡作为融资平台，它们在新加坡并没有任何营运业务。其他66%（约455家）的上市企业则是新加坡本地企业，其中有不少的营收来自海外。与本区域其他国际市场相比，新加坡的市场是最为国际化的。

第六章 中新关系

本章导读

☆新加坡的投资环境很大程度上依赖于新加坡良好的外部环境。友好和谐的国际关系不仅仅使国家间的交流合作顺利开展，而且有助于相互借鉴，寻求共赢。本章重点介绍中国与新加坡关系的发展历程与现状。中国与新加坡双边政治关系友好，经济互补性较强，使双方在进出口贸易、相互投资、承包劳务等领域合作成效显著，新加坡已经成为中国的重要经贸合作伙伴之一。中新之间既有政治与经贸联系，又包含政经关系以外的历史联结、感情纽带以及特殊高层互动的渊源，多层面的历史与现实因素，加上双方多年的努力，构成今天独特的双边关系。

第一节 中新关系回顾与现状

一、双边政治关系回顾

新加坡与中国的政治关系在很大程度上受到其邻国与中国关系的制约。新加坡将邻国马来西亚和印度尼西亚比作“大鱼”，自比作“小虾”。20世纪60年代，一些马来西亚和印尼人认为新加坡是中国在东南亚的代理人。当时，中国与马来西亚、菲律宾等国没有外交关系，而印尼也断绝了同中国的关系。这些国家特别关注新加坡与中国的关系，有的甚至对新加坡发出公开警告。1965年8月中旬，马来西亚总理拉赫曼公开称，“在任何情况下，我都不愿意让新加坡同我们敌视的国家建立外交关系”，“如果新加坡作出任何可能给马来西亚带来危险的事情的话，我们将不得不立即采取措施来制止”。新加坡在处理对华关系与对邻国关系问题上，李光耀也指出：“等我们的邻国马来西亚和印尼跟中国建立外交关系以后，我们也会跟着和中国建交。”所以新加坡对华政策在其对外关系中表现非常敏感。随着国内国际形势的变化，新加坡对华政策经历了三个不同的发展历程。

第一阶段（1965年8月至1975年3月）：政治零接触

1965年8月，新加坡政府脱离马来西亚联邦成为独立的共和国，开始实行人民行动党独立的政治体制。独立之初的新加坡发展对华贸易，承认新中国，但政治上不与中国进行接触。1965年，新加坡对恢复中华人民共和国在联合国的合法席位投了赞成票。1968年，李光耀对来访的尼克松坦率指出：“当苏联和美国的盟友都跟中国进行对话时，美国不同这个主要强国保持对话联系是极为不利的。”1971年9月召开的26届联大上，新加坡代表再次投票支持恢复中华人民共和国在合法席位的提案。1972年7月，中国乒乓球代表团首次访问新加坡，受到李光耀总理的接见。此后，两国民间贸易代表团的来往不断增多。1974年6月，马来西亚和中国建交，东南亚国家与中国的关系进入一个新阶段。李光耀对此发表看法：“在今后的20年里，中国也许更有可能成为热力和影响力四射的太阳，而不是月亮。”

第二阶段（1975年3月至1990年10月）：接触互访

1975年3月，新加坡外长拉贾拉南应邀首次访华，开始注重与中国的关系，这成为中新两国高层政治接触的起点，之后新加坡与中国有了实质性联系，双方高层政治接触密切，但新加坡并不急于与中国建立外交关系，经济上则大力发展对华经贸关系与合作。这是新加坡对华政策的第二阶段，中新关系进入实质性政治关系的新阶段。拉贾拉南访华期间，周恩来总理带病会见拉贾拉南一行，并表示中国随时准备在新加坡认为方便的时候同新加坡建立外交关系。1976年5月，李光耀第一次正式访问中国，会见了毛泽东主席，访问了西安、延安、上海、无锡、广州、桂林等地。这次访问推动了双边关系的发展。李光耀在总理任期内5次访华。新加坡其他重要领导人也多次访华。1978年11月，中国领导人邓小平以副总理的身份访问新加坡。由于印尼当时还没有与中国恢复外交关系，所以，新加坡仍未同中国建交。1989年，印尼着手恢复同中国的外交关系。随着印尼对华复交，新加坡随即决定同中国正式建立外交关系。

东南亚与世界形势的变化以及国内形势的变化是新加坡发展对华实质性政治关系的主要原因。邻国马来西亚及泰国、菲律宾同中国建立了正式的外交关系，减小了邻国对新加坡发展对华政治关系的限制。中美关系缓和，美国从越南撤军，其在东南亚的地位与影响下降，这对新加坡调整对华政策产生了积极影响。苏联向东南亚扩张势力，越南推行地区霸权主义，入侵柬埔寨，严重威胁了东南亚地区的和平与安全。在共同反对苏联扩张、反对越南入侵柬埔寨和支持柬埔寨人民反对外来侵略的斗争中中新两国增加了接触，增进了了解和团结。

第三阶段（1990年10月以后）：建交合作[①]

1990年10月3日，中国外长钱其琛与新加坡外长黄根成在纽约代表两国政府签署建交公报，宣布自即日起双方正式建立外交关系。自此新加坡加强对华合作，全面拓宽和深化对华关系，并以中国为重要投资目标，实施其海外战略。两国高层开始频繁交往。杨尚昆主席（1993年）、江泽民主席（1994年）、全国政协主席李瑞环（1995年）、李鹏总理（1997年）、朱镕基总理（1999年）、胡锦涛副主席（2002年）、李岚清副总理（2002年）、吴邦国委员长（2005年）、温家宝总理（2007年）等先后访新。黄金辉总统（1991年）、李光耀总理（1990年）、吴作栋总理（1993、1994、1995、1997、2000、2003年）、王鼎昌总统（1995年）、纳丹总统（2001年）、李显龙（副）总理（1995、2000、2005、2006年）先后访华。李光耀于1991年改任内阁资政后，迄已20余次来华访问或出席有关会议。1991年9月， 新加坡政府总统黄金辉访华，为中新两国关系的稳定发展奠定了坚实的政治基础。1992年7月， 新加坡政府内阁资政李光耀率领由150多名企业家组成的庞大代表团访华， 目的在于进一步加强双边关系和扩大对华投资。同年，中国外长钱其琛应邀参加在新加坡举行的东盟外长

①转自《中国同新加坡的关系》，http://www.fmprc.gov.cn/chn/pds/gjhdq/gj/yz/1206_35/sbgx/，2010年5月。

会议，会议期间会见了新政府总理和相关领导人，并就地区安全、双边关系等一系列问题广泛地交换了意见。次年，中国人大常务委员会委员长乔石访问新加坡，双方领导人充分肯定了两国关系正朝着稳定扎实的方向发展，并已取得了新的进步。1993年，吴作栋对中国进行了就任总理后的首次正式访华。他对访问结果非常满意："两国之间没有什么问题，从现在开始，我们的关系将会变得更美好。李光耀总理为两国建立了很好的关系，我希望维持并加强这种关系。"1994年9月，新加坡总统王鼎昌率领一个包括内阁资政李光耀、贸工部长姚照东等由30多名商界人士组成的代表团到中国访问。这次访问，代表团先后到了中国一些内陆省份考察，并号召新加坡商界人士到中国内陆地区寻找机会，投资发展。同年11月，中国国家主席江泽民应邀访问新加坡，双方签署了一些重要的合作协定，促进了两国间的政治关系。1995年5月，新加坡政府总理吴作栋访问中国，主要目的是推动新加坡政府的"经济区域化"政策。随着两国领导人的互访增多，政治交往加强，中新两国间的友好关系正进入全方位、多层次发展的新阶段。2008年8月，李光耀内阁资政来华出席北京奥运会开幕式，纳丹总统来华观看北京奥运会比赛。2008年9月，王岐山副总理与黄根成副总理在天津共同主持召开中新双边合作联委会第五次会议、苏州工业园区联合协调理事会第十次会议和天津生态城联合协调理事会第一次会议。吴作栋国务资政赴天津出席第二届"夏季达沃斯"年会。2008年10月，李显龙总理来华出席第七届亚欧首脑会议并顺访，李光耀内阁资政访华。2009年1月，全国人大常委会副委员长周铁农访问新加坡。2009年3月，吴作栋国务资政访问广东。2009年4月，刘延东国务委员访问新加坡。2009年5月，李光耀内阁资政、黄根成副总理来华出席苏州工业园区开发建设十五周年庆祝活动并访问浙江。2009年6月，李显龙总理访问浙江和上海。2009年8月，杨荣文外长访华，王岐山副总理访问新加坡并主持中新双边会议。2009年9月，吴作栋国务资政访华并出席2009年夏季达沃斯论坛。2009年11月，胡锦涛主席对新加坡进行国事访问并出席APEC第17次领导人非正式会议。2010年4月，吴作栋国务资政来华出席博鳌亚洲论坛，中共中央政治局委员李源潮访问新加坡，张志贤副总理兼国防部长访华。2010年5月，李光耀内阁资政访华。两国外交部自1995年起建立磋商机制，迄今已举行5轮磋商。两国除互设使馆外，新加坡在上海、厦门、广州和香港设有总领事馆，在成都设有领事馆。

二、双边经贸关系回顾[①]

1950年以来，中国出口新加坡的商品主要有矿物燃料、润滑油及有关原料，占中国对新加坡出口总额的35.7%，食品占15.7%，其他有机械、运输设备和化学品等。从新加坡进口的主要产品有化工产品、机械设备、石油提炼和加工设备。

中新两国的经贸关系发展可以分为以下三个阶段：

第一阶段（1959—1978年）：新加坡积极主动地实行发展对华贸易的政策。1959年新加坡自治时两国间的贸易额为5144万美元，1978年为2.94亿美元，20年间增加了4.72倍。新加坡政府为中国银行新加坡分行签发新的营业执照，中国银行新加坡分行是中国银行海外分行之一，主要是处理中国同全马来亚（包括马来西亚和新加坡）贸易的金融业务。中国早于1936年在新加坡设立中国银行分行，1949年10月转归新中国政府后，

①转自《中国同新加坡的关系》，http://www.fmprc.gov.cn/chn/pds/gjhdq/gj/yz/1206_35/sbgx/，2010年5月。

业务一直照常进行。在新马合并期间，新加坡拒绝马来西亚政府关闭该分行的要求。20世纪50年代，该行在中国开拓对全马来西亚贸易中发挥着重要作用。1965年4月，马来西亚政府以中国银行新加坡分行继续存在是对马来西亚安全的严重威胁为借口，下令该行到8月底停止营业，马来西亚政府的这一决定遭到中国政府的强烈抗议和新加坡华人工商团体的反对。新加坡独立后立即宣布，允许该行继续营业，新加坡的这一举措保留了与新中国贸易的重要纽带，有利于推动双边贸易的发展。同时，新加坡积极鼓励对华贸易，在这种政策的引导下，中新贸易稳定发展。

第二阶段（1979—1989年）：建国后经过十多年的发展，新加坡公民的国家认同逐步增强，国内形势日趋稳定，经济繁荣发展，为其调整对华政策创造了良好的条件。20世纪70年代末80年代初，中国外交政策有了重大调整，把国家关系与政治关系相区别，消除了新加坡发展对华关系的顾虑。新加坡在第一阶段对华贸易的基础上，开始对华投资，多方面发展与中国的经济关系与合作贸易。1979年12月中新签署贸易协定。1980年中新两国决定互设商务代表处，协定商务代表享受必要的外交特权与豁免权；1981年商务代表处成立，负责中新双边经贸事务。此后，两国双边贸易额大幅度增长，中新双边贸易总额1979年为4.0115亿美元，1989年达到了14.453亿美元，10年中增长了3.47倍。

第三阶段（1990年以后）：中新建交后，两国经济、贸易、科技和文化等方面的交流进入一个新的时期。1990年两国贸易额为28.32亿美元。1994年达到50.4亿美元，其中中国对新加坡出口为25.58亿美元，从新加坡进口为24.82亿美元。1995年贸易总额达到68.98亿美元。十多年来双方贸易额保持着快速增长的势头。2007年，中新双边贸易额曾经创下了916亿新元的记录，但是在2008年和2009年，由于受到经济危机的冲击，双边贸易额分别下跌到914亿新元和757亿新元。2010年，中新双边贸易额达到了953亿新元，创下了两国建交以来双边贸易往来的最高纪录。目前，新加坡是中国第八大贸易伙伴、第二大海外劳务市场和第四大工程承包市场，对华贸易和投资均占东盟国家首位。中国是新加坡第三大贸易伙伴，仅次于欧盟和马来西亚，也是新加坡第二大游客来源地，更是新加坡的首选投资目的地。[①]两国间主要合作项目有苏州工业园区、天津生态城、无锡工业园、大连港集装箱码头等。新加坡与山东、四川、湖北、浙江、辽宁、天津、江苏、广东等省市分别建有经贸合作机制。

投资方面。[②]1978年，新加坡资本开始进入中国。1985年，中新两国签署了《关于相互促进和保护投资协定》。1979—1991年，新加坡对华投资累计总额约为8.9亿美元，新加坡成为中国内地的第四大投资者，仅次于中国香港、美国和日本。同时，中新两国在其他方面的经济合作关系也迅速发展。1999年10月，中新签署《经济合作和促进贸易与投资的谅解备忘录》，建立了两国经贸磋商机制。双方还签署了《促进和保护投资协定》《避免双重征税和防止漏税协定》《海运协定》《邮电和电信合作协议》《成立中新双方投资促进委员会协议》等多项经济合作协议。2008年10月两国签署《自由贸易协定》，2009年1月1日正式生效。截至2010年3月，新加坡累计对华实际投资426.6亿美元，中国对新累计非金融类实际投资45.15

---

①转自《中国同新加坡的关系》，http://www.fmprc.gov.cn/chn/pds/gjhdq/gj/yz/1206_35/sbgx/，2010年5月。

②同上。

亿美元。在双边贸易和新对华投资不断扩大的同时，新加坡在对华投资的结构上也发生了重大变化。

第一，新加坡对华投资结构优化，每年的投资总额在不断增加。新加坡在1979—1991年13年中在华投资总额不超过8.9亿美元，平均每个项目约100万美元，而且规模小，多数是轻工业、饭店、旅馆等中小型项目。自1992年以来，新加坡对华投资逐年增加，投资商开始向成片开发和基础设施等大型项目进军。1994年2月，新加坡内阁资政李光耀在北京签署了一项旨在创建两个“世界级工业园区”的政府协定，一个在苏州，占地7,000公顷，总投入约200亿美元；另一个在无锡，占地1,000公顷。还分别在福建福清、山东烟台等地发展工业园；在浙江宁波、广东珠海、江苏苏州等地兴建发电厂；在四川成都和重庆建设公路和隧道，每个项目的投资都在几亿美元以上。

第二，新加坡政府控股机构和大型私人机构加大了对华投资的力度。在1992年以前，新加坡政府及私人的控股机构对中国经济改革缺乏了解，认为投资环境还不成熟，因而几乎没有在中国发展控股机构。但自1992年以来，新加坡政府的控股机构，如新加坡航空公司、港务局、科技公司、实得利公司和吉宝企业集团、胜巴旺集团等纷纷参加中国大型发展计划，私人控股机构，如新加坡四家最大的私人银行集团——发展银行、大华银行、华侨银行和华联银行，都开始设立中国投资部，要求在有关省份设分行。丰隆集团作为世界知名跨国企业，为中国的发展做出了积极的贡献。特别是2008北京奥运会期间，丰隆集团下属的国浩房地产（中国）有限公司全力以赴，确保了奥运配套工程——东直门交通枢纽按时顺利地交付给北京市政府，保证了枢纽在奥运会开幕之前投入使用，为北京奥运会的成功举办做出了贡献，更为北京市的城市建设做出了贡献。另外，远东机构、海星集团等也在中国各地合作开发项目。

第三，新加坡政府积极鼓励对华投资，把中国当作“第一投资地区”，并制定了对华投资的优惠政策，政府也予以领导、组织和指导。新加坡政府看好中国的发展前景。李光耀说：“亚洲一些国家会发现，由于同中国做生意，它们的国民生产总值每年将增加1%。”新加坡政府与国民积极参与对华经济合作项目。[①]

三、双方文化、科技、教育等方面的交往与合作回顾[②]

两国在人才培训领域的合作十分活跃，主要项目有中国赴新加坡经济管理高级研究班、中国市长赴新研讨班、中央党校中青年干部培训班赴新考察、两国外交部互惠培训项目等。中新科技交流始于1987年。1992年3月，两国科技部门签署《科技合作协定》，次年建立中新科技合作联委会。1995年成立“中国—新加坡技术公司”。1996年，两国文化部签署《文化合作谅解备忘录》。1998年设立“中新联合研究计划”，合作项目共计18个。1999年，两国教育部签署《教育交流与合作备忘录》及中国学生赴新学习、两国优秀大学生交流和建立中新基金等协议，中国16所高等院校在新开办了20余个学位课程。2003年，两国教育部签订《教育交流与合作备忘录》及中国学生赴新学习、两国优秀大学生交流和建立中新基金等协议。2004年5月，双方决定成立“中国—新加坡基金”，支持两国年

①参阅商国珍：《中新关系的现状及发展趋势》，载《东南亚纵横》，1996年04期，http://yunnan.stis.cn/xnjw/dmkjjj/200411/t20041102_234320.htm。

②转自《中国同新加坡的关系》，http://www.fmprc.gov.cn/chn/pds/gjhdq/gj/yz/1206_35/sbgx/，2010年5月。

轻官员的培训与交流。2009年11月，两国教育部签署《关于合作建设新加坡第四所公立大学的谅解备忘录》。中国15所高等院校在新开办了20个教育合作项目。据《人民日报》2010年9月23日报道，中国在新各类留学人员已达4万人，新在华留学生约3200人。

两国在文化艺术、图书馆、文物等领域的交流与合作不断深入。2001年起，新方定期派中高级官员团访华。2003年10月，中国科技部火炬中心驻新代表处正式挂牌成立。2006年，两国政府签署《文化合作协定》，项目每年逾200起。2007年7月，双方签署《关于借鉴运用新加坡园区管理经验开展中西部开发区人才培训合作的谅解备忘录》。

两国在卫生、旅游、质检和环保等领域也进行了密切的交流与合作。2007年，新加坡来华旅游、探亲总人数达92.2万，增长11.4%；中国赴新游客总人数为111.4万，增长7%。①2007年7月，两国有关部门分别签署《出入境卫生检疫合作谅解备忘录》和《关于在城镇环境治理和水资源综合利用领域开展交流与合作的谅解备忘录》；11月，两国签署《关于在中华人民共和国建设一个生态城的框架协议》及该框架协议的《补充协议》。2008年9月，天津生态城正式开工。两军高层互访势头良好，在人员培训、专业技术团组交流、军舰互访、观摩演习等领域展开了卓有成效的交流与合作。2008年1月签署《中新两国国防部关于开展防务交流与安全合作的协定》，并启动防务对话机制，迄今已举行两届。2009年6月，两军在桂林举行首次安保联合训练；10月底，陈炳德总参谋长首次访新。同一时间两国有关机构签署了《开展大熊猫保护研究的合作协议》，中方

---

①转自《中国同新加坡的关系》，http://www.fmprc.gov.cn/chn/pds/gjhdq/gj/yz/1206_35/sbgx/，2010年5月。

将向新方提供一对大熊猫进行合作研究。

四、双边合作重要文件[①]

1990年10月3日，中国外交部长钱其琛和新加坡外交部长黄根成在纽约签署了《中华人民共和国政府和新加坡共和国政府关于建立外交关系的联合公报》。

2000年4月，新加坡总理吴作栋访华期间，两国政府在北京发表了面向21世纪的《中华人民共和国政府和新加坡共和国政府关于双边合作的联合声明》。

第二节　中新关系的发展趋势

随着中新正式建交，在双方的共同努力下，两国在政治、经济、科技和文化等领域的交往和合作迅速发展，并且卓有成效，向新的深度和广度发展。从长期的发展趋势来看，中新关系的发展前景还是很好的。这主要表现在以下几个方面：

（一）中国和新加坡在政治上能继续维持稳定的关系。这主要表现在：

第一，中国和新加坡在反对西方民主和人权上基本观点相同。新加坡领导人认为，民主政治并不是西方国家的发明专利。西方国家有西方式的民主政治，它是在西方文化基础上产生的。同样在东方国家，也有东方式的民主政治。西方式的民主政治并不一定适合每一个国家。而新加坡是东方国家，所以它实行的是东方式的民主政治。它的民主政治有它自己的特点

①转自《中国同新加坡的关系》，http://www.fmprc.gov.cn/chn/pds/gjhdq/gj/yz/1206_35/sbgx/，2010年5月。

以及它自己的模式。虽然新加坡实行的是资本主义制度，但是它并没有照搬西方的政治制度模式，而是结合本国国情和历史传统（如儒家传统），建立起了一套中央集权色彩比较浓厚的政治体制。尽管很多西方人士批评新加坡政府实行人民行动党一党独大政治体制、严刑峻法、不顾人权、缺乏言论自由，但是新加坡政府并不认同西方国家民主自由的标准，仍然坚持其政策与原则要适合新加坡国情。同时在人权、民主等问题上，新加坡政府和中国政府有不少相同或相似的看法，例如：新加坡政府曾在许多国际公开场合批评西方的民主观。新加坡前总理李光耀在各种国际场合中多次赞扬中国政府处理经济发展、经济改革与政治改革关系的做法。他认为西方的民主破坏了发展中国家的稳定，像菲律宾从1945年就实行西方式的"民主"，结果党派林立，政局长期不稳。可以说，在反对西方民主政治理论方面新中两国有着基本相同的观点，这种观点，可以使两国长期维持比较稳定的政治关系。

第二，新加坡与中国香港的"双城记"。新加坡与中国香港都属于"亚洲四小龙"，不仅有许多共同点，而且是竞争对手，例如双方都是自由港、国际数一数二繁忙的集装箱港、亚洲主要航空中心、国际会议中心、国际金融中心等等，两地互相之间经贸关系、人才交流非常密切。李光耀曾以"两个城市，一个故事"来形容新加坡与中国香港的密切关系和相似的发展道路。他说，新加坡自1965年独立后，它的发展模式除了以中国台湾为榜样外，主要是以中国香港为学习对象。新加坡一直是中国香港重要的贸易伙伴，亚洲金融风暴后两地的经贸往来迅速恢复与增长。在2009年度新加坡的对外贸易统计①

---

①参见《The Singapore in Figures 2010》（《2010数字新加坡》），www.singstat.gov.sg/pubn/reference/sif2010.pdf。

中，中国香港作为新加坡最重要的贸易输出区，对新的贸易贡献额为453亿新元。

第三，新加坡与中国台湾有着特殊的关系，中国政府可利用新加坡做台湾的工作，促进祖国早日实现统一。过去半个世纪，新加坡发展与中国台湾的关系远比同中国大陆要早要深。新加坡一直与中国台湾保持着十分密切的政治、军事和经济关系。不仅因为两地的政治、地理、社会、经济等方面情况相近，比如都是岛屿，发展受限制，都是自由经济等。而且因为新加坡政府认识到， 这种关系对于保证新加坡经济进一步发展， 保持新加坡冷战后的安全十分重要。尽管新加坡与中国台湾的关系友好，但新加坡仍然一贯主张一个中国的政策，认为中国台湾与大陆一定会统一，虽然会经历很长的时间。新加坡对中国的统一持有比其他东南亚国家明显积极的态度。事实上，李光耀等新加坡领导人一直在大陆与台湾之间发挥重要的特殊作用。他曾多次明确表示希望大陆与台湾保持台湾海峡的和平局面， 通过谈判解决中国的统一问题。

（二）中国和新加坡经贸关系的前景广阔。新加坡虽然是一个海岛城市国家， 但经过40多年的艰苦创业， 一跃而成为“亚洲四小龙”之首的新兴工业国家。它拥有充裕的资金，优越的地理位置，良好的工业基础，具备开拓国际市场的网络资源，又是国际金融中心，但同时它又缺乏自然资源、市场以及研究开发力量不足；而中国拥有丰富的自然资源、劳动力资源以及广阔的市场，并具备雄厚的科技力量。如果将两国的经济优势结合起来，取长补短、互补互利，将产生新的生产力。同时，中国可以从以下几个方面利用新加坡的资源：

首先，利用两国的资源优势，发展国内经济。新加坡的经济发展在经过了20多年的高速增长后，进入20世纪90年代，新加坡国内经济发展趋于饱和，需要寻求新的发展方向和增长点。而近几年，中国实行改革开放政策，经济发展迅速，为新加坡经济向中国扩张提供了极好的机会。但从1978年至1991年这13年中新加坡企业在中国大陆的投资只有8.9亿美元，还落后于香港、日本、美国和中国台湾。为了促进经济发展，1991年新政府提出了“经济区域化”的战略方针，1992年李光耀访华，又一次实地考察了中国的经济发展情况，并会见了在华成功投资的新加坡企业家。随后他在1992年11月召开的新加坡人民行动党干部大会上提出了新加坡经济应有“两只翅膀”的概念，一只翅膀是国内经济，另一只翅膀是国外经济。他提出把海外发展经济的重点放在亚太地区，而重中之重又放在中国。此后，中新两国间的贸易与投资迅速发展，1994年，新加坡对华投资达到创纪录的38亿美元，但与两国经济发展的潜力还有很大差距。因此，两国政府仍需做出艰苦的努力，要积极创造良好的投资环境，充分利用好两国资源优势发展国内经济。

其次，利用华商发展中国国内经济。新加坡人口中有78%是华人，由于历史、文化、风俗习惯和思维方式的相同，华商在中国投资有着极大的便利。近年来，新加坡的华人企业集团发展较快，作为国内三大私人银行集团的大华、华侨和华联银行集团的规模不断扩大。大华银行集团是新加坡国内资产最多的企业集团之一，自70年代起先后兼并了当地资本的崇侨银行、利华银行、远东银行、工商银行。它拥有附属或合资公司60多家，目前大华银行及其属下四家银行在国内外开设了120多家分支机构。除银行金融业务外，该集团的经营范围已扩展到投资、服务、地产、旅游、船务及采矿业等。近年来，该集团也在中国开设了分支机构。因此，中国相关部门应积极做好新加坡华人资金、技术和人才的引进工作。第一，政府要给予必要的优惠政策，不断改善“硬环境”的同时，注重“软环境”的建设；第二，各级职能部门要加强引导和指导，健全法制，提高办事效率；第三，在考虑自身利益的同时，要充分考虑投资者的利益，让投资者对在中国投资办企业树立信心，有利可图。目前新加坡政府正积极推行海外发展计划，中国应牢牢抓住机会，力争多吸引一些新加坡的资金、技术和人才。中国应积极借鉴新加坡发展经济的成功经脸，善于运用其优越的地理条件和历史基础，通过大力引进外资和先进技术，加速发展面向出口的加工工业；重视智力投资和人才培养，从人力资源开发的角度保证发展外向型经济和产业结合升级的需要，发扬传统儒家文化，鼓励勤俭经营和勤俭治国，从而提高高储蓄和高积累的整体社会水平，发展国内经济。

最后，中国要利用新加坡的区位优势，搞好进出口，把产品推向国际市场。从1986—1990年，新加坡港的吞吐量一直居于世界第一位，成为世界第二大集装箱港口、世界航空中心之一、世界第三大炼油中心和仅次于伦敦、纽约和东京的世界第四大金融中心。如今，新加坡无论是港口储备吨位，还是年航运能力都超过了荷兰的鹿特丹港，上升为世界第一港，樟宜机场也是世界繁忙的国际航空运输中转站。因此，中国要根据两国产品互补的特点，重点发展加工工业，并应积极主动地通过新加坡做好转口或进口贸易，把产品推向国际市场。

从未来中新关系的发展看，两国仍将在政治、经济、科技和文化等领域保持密切的关系。两国政府新一代领导人的政治接触会更加频繁，双方关系在各自对外关系中的地位将有所提高。新加坡仍将是中国重要的贸易伙伴和重要的投资国。由于中国扩大与东南亚国家的直接贸易，新加坡作为转口贸易的地位将削弱。但是，新加坡对中国投资规模和领域将进一步扩大，新加坡也将成为中国新的投资基地。中新两国的科技合作将成为未来双边合作的重要内容，两国在科学研究开发和科技成果商品化方面将展开富有成效的合作。此外，两国的旅游业合作前景也是非常广阔的。

参考文献

一、专著文章

[1] 韩大元．外国宪法[M]．北京：中国人民大学出版社，2000.

[2] 汪慕恒．当代新加坡[M]．成都：四川人民出版社，1995.

[3] 鲁虎．列国志——新加坡[M]．北京：社会科学文献出版社，2004.

[4] 王瑞贺．新加坡的立法程序[J]．人大工作通讯，1998（11）：37-38.

[5] 贝辛．文化震撼之旅——新加坡[M]．赵菁，译. 北京：旅游教育出版社，2008.

[6] 米良. 东盟国家宪政制度研究［M］． 昆明：云南大学出版社，2006年.

[7] 李乾德．新加坡经济快速持续发展的方法论思考[J]．湖南农机，2007（3）.

[8] 刘志良，田兆明．新加坡发展给我们的启示[J]．学理论，2009（4）.

[9] 万卫东．新加坡经济结构转型的特点及对中国的启示[J]．华中农业大学学报（社会科学版），2010（5）.

[10] 李强．新加坡经济发展模式浅析[J]．黄河科技大学学报，2005（1）.

[11] 王勤，论新加坡的经济发展模式[J]．南洋问题研究，1996（2）.

[12] 邹平学．新加坡法治的制度、理念和特色[M]．法学评论，2002（5）.

[13] 王岩．中国与新加坡关系的发展：回顾与展望[J]．南洋问题研

究，1995（1）.

[14] 商国珍. 中新关系的现状及发展趋势[J]. 东南亚纵横，1996（4）.

[15] 蔡锡梅. 世界列国国情习俗丛书·新加坡[M]. 重庆出版社，2007.

二、相关网站

[1] http://www.16visa.com/cn/Singapore/show.aspx?typeid=77.

[2] http://www.business.gov.sg.

[3] http://www.contactsingapore.sg/.

[4] http://www.edb.gov.sg/.

[5] http://www.edb.gov.sg/edb/sg/en_uk/index.html.

[6] http://www.ica.gov.sg/.

[7] http://www.iras.gov.sg/.

[8] http://www.iras.gov.sg/irashome/default.aspx.

[9] http://www.iras.gov.sg/irasHome/page04.aspx?id=614#researchexpenses.

[10] http://www.mas.gov.sg/.

[11] http://www.sedb.com/edb/sg/zh_cn2/index.html.

[12] http://www.statutes.agc.gov.sg.

[13]《新加坡统计年鉴2010》：http://www.singstat.gov.sg/pubn/reference/yos.html.

[14] 中国驻新加坡经济参赞处网站：http://sg.mofcom.gov.cn/.